U0816846

普通高等教育"十一五"国家级规划教材

商品流通论

（第三版）

吴小丁　编著

科学出版社

北　京

内 容 简 介

本书借鉴日本、美国等发达国家先进的商品流通论，结合中国商业发展的实际，论述了流通构成、供求结合过程等市场机制运转原理及商业存在的基础，介绍了商品流通论分析的基本视角和方法，阐释了流通的各种功能及其发展变化。其中，市场营销与商业的关系、消费者行为对零售业的影响等介绍都是全新的内容。

本书是普通高等教育"十一五"国家级规划教材，配备多媒体教学课件，适合作为高校市场营销专业、物流专业、产业经济专业本专科生的专业教材，以及经济管理类院系学生的选修课教材或参考书，也可以作为从事商品零售、批发、储运等工作的人员及商业管理人员的自学参考书。

图书在版编目（CIP）数据

商品流通论/吴小丁编著.—3 版. —北京：科学出版社，2015
普通高等教育"十一五"国家级规划教材
ISBN 978-7-03-043124-0

Ⅰ.①商… Ⅱ.①吴… Ⅲ.①商品流通-高等学校-教材 Ⅳ.①F713

中国版本图书馆 CIP 数据核字(2015)第 017438 号

责任编辑：王京苏 / 责任校对：胡小洁
责任印制：张 伟 / 封面设计：蓝正设计

科学出版社出版
北京东黄城根北街 16 号
邮政编码：100717
http://www.sciencep.com
北京凌奇印刷有限责任公司印刷
科学出版社发行 各地新华书店经销
*
2005 年 7 月第 一 版 开本：787×1092 1/16
2009 年 2 月第 二 版 印张：8
2015 年 2 月第 三 版 字数：186 000
2025 年 8 月第十八次印刷

定价：32.00 元

（如有印装质量问题，我社负责调换）

第三版前言

通过大家的努力，《商品流通论》这本小教材终于完成了第三次修编。从2009年第二版出版以来，我们一直在收集授课教师和同学们在使用过程中发现的问题，希望有机会能使这本教材更加完善。本次修编主要做了以下工作：

（1）对第六章“零售流通”做了重要修改。在6.3“零售业态发展的理论”一节中，介绍零售业态演变理论的同时做了简要的批判与评论；补充了新零售之轮理论；删除了辩证发展理论。在6.1.2中，将商圈、商业集聚置于零售市场的空间结构中加以理解，并引入了中心地理论的概念；删除了第六章章后的案例。

（2）对第四章“流通中的物流与信息流”中物流的概念做了补充。

（3）对全书专业术语的英文对照做了新的确认修改。图表尽可能引用了原始出处。

（4）对全书表达晦涩、有欠流畅的文字以及标点符号的错误进行了修改和订正，以期读者能够更容易地理解本书的内容。

参加本次修编工作的还有吉林大学商学院博士研究生苏立勋（负责各章文字表述欠妥及错误之处的修正）、东北师范大学外国语学院教师张舒博士（负责各章专业术语中英文对照和图表的原始出处）。

感谢科学出版社张宁编辑及相关工作人员为本教材修编出版所付出的辛劳和努力！

吴小丁

2015年1月1日

第二版前言

经过半年时间的修改，普通高等教育“十一五”国家级规划教材——《商品流通论》（第二版）终于以新的面貌与读者见面了。希望修订后的这本教材能为教师和学生提供更多的帮助。

本次有两处较大的修改。

一是将第一版教材的“第四章　物流”和“第五章　信息流”合并成“第四章　流通中的物流与信息流”。原来的物流和信息流两章过于偏重介绍具体的物流和信息流的技术。由于现代物流的发展是建立在信息革命的基础之上的，两者密不可分，原来的两章中内容有所重复。因此，在修编后的教材中，将这两章内容进行了合并整理，去掉了第一版教材中对物流和信息流技术的论述，将论述的重点集中在物流和信息流的发展变化对整个流通体系的影响上，突出商品流通论的研究重点。

二是将第一版教材的第八章（现第七章）批发流通的内容进行了重新组织，删除了原来的引言部分；新增了“7.1.2　批发商的位置”内容；合并了“批发商的功能”和“功能的延伸”的内容；增加了“7.2　批发业的产生”内容；“7.3　批发业的内部分化”在原文第二节内容基础上删除了“4. 综合批发与专业批发”部分。删除的理由是，综合与专业的区分本身也是按照备货的范围即商品类别的范围来划分的，与前一段“商品类别的分化”有一定的重叠，后者可以看作专业批发的分支，但是实际来看，真正大规模的综合批发商在我国并不如日本的“综合商社”那么典型，因此不再单独介绍。

此外，第二版对第一版中的个别概念作了进一步的界定。为了方便检索外文文献和进一步学习参考，各章增加了专业术语和词汇的英文对照，在每章后面列出了相关的参考文献。为了方便教学，对每章的知识要点和思考题也进行了调整，并且还配合本教材开发了教学支持内容，包括案例重点、教学大纲和多媒体课件。使用本教材的任课老师可通过邮箱 jingguanfa@mail.sciencep.com 与出版社取得联系以免费获取这部分教学支持。

本教材的框架主要参考了矢作敏行（1996）所著《現代流通 理論とケースで学ぶ》（有斐閣出版）一书，同时还参考了田村正纪（2001）所著《流通原理》（吴小丁、王丽译，机械工业出版社 2007 年 6 月），以及石原武政、池尾恭一和佐藤善信（2000）所著《商業學》（有斐閣出版）等教材。其中第七章主要参考、引用了《流通原理》第四章的内容；第六章和第八章主要参考、引用了《商業學》第 6 章的内容。各章案例均来自于矢作敏行（1996）著《現代流通 理論とケースで学ぶ》一书。

参加本次修编工作的还有吉林大学商学院管理学科的博士研究生张舒（各章专业术语中英文对照）、王晓彦（第四章）、施晓峰（第七章）、马小琴（各章参考文献）、赵晓民（教学支持内容）、侯旻（前期文字修改）。硕士研究生孙梅竹、张健、田苗苗、胡洋、张凤婷、魏胜、王丽莎、路鹏星等在前期文字修改、资料查找、清样校对等方面做了大量工作。在此表示感谢！

最后，还感谢科学出版社张宁编辑及相关工作人员为本教材修订出版所付出的辛劳和努力！

吴小丁

2009年1月5日

第一版前言

“商品流通论”这门课程在国外大学经济管理类专业中，作为专业基础课和专业课，占有十分重要的地位。并且学科本身也发展迅速，不断有新的理论和新的方法出现。每年都有新版本教材出版。近年来，商品流通问题逐渐成为我国经济发展中的热点问题，对熟知商品流通的人才需求增大。所以，院校中“商品流通论”的教学也越来越受到重视。我多年来从事商品流通问题的研究和教学工作，一直希望能编写一本有助于学生正确理解市场经济体制下商品流通规律的教材。这本教材的出版，使我多年的愿望得以实现。

本教材是根据我自2000年以来，以本科生为对象的“商品流通论”讲义整理而成的。其主要特点是运用现代经济学的最新理论贯穿始终，并介绍大量新的流通理论和方法，从而使学生习惯于运用经济学的基本原理来分析市场经济中的商品流通问题，掌握商品流通的规律，准确理解市场经济体制下商品流通系统运转的机理，避免只停留在表面现象上就事论事。另外，本教材还引进了案例教学的方法，配合课堂讨论，有助于学生对现代流通变革中已有的以及新的流通现象背后的流通原理加深理解。

本教材的内容安排如下：第一章将全社会的商品流通作为一个系统，从经济循环的层面来说明流通的构成、供求结合的过程、商业如何使市场机制运转以及商业存在的基础。第二章提供了流通分析的三个视角，说明商品是怎样流通的，谁承担着流通，流通的“舞台”是怎样设定的。第三、四、五章分别论述商流、物流、信息流。运用交易费用论、博弈论等理论来分析说明流通过程中的交易关系，商品流通中物流系统形成的机制，以及信息技术对现代流通的革命性意义。第六章运用产业组织理论对流通总体的发展变化作了动态的分析。其中对传统批发商衰落原因以及市场营销与商业关系的讨论是全新的内容。第七、八章分别讨论了零售和批发流通，其中消费者行为对零售竞争的影响、零售业态发展的各种理论、现代批发流通的地位变化以及批发竞争的特征是全新的内容。第九章从政府与市场关系的角度，探讨公共政策如何纠正流通中的市场失灵以及流通政策的形成过程。

本教材是商品流通论的入门书，适合作为综合性大学市场营销专业、产业经济专业以及财经院校的本科生和专科生的专业课教材，也可供经济管理类院系学生作为选修课教材或课后参考教材。还可以作为从事商品流通工作的在职人员以及商业管理人员的自学参考书。

有几点需要说明的问题。

第一，本教材中的案例与管理学的案例不同，基本是陈述型案例，目的是通过这些对流通发展具有革命性意义的企业改革创新实例，使读者对抽象的流通理论有形象化的理解。遗憾的是案例大多是日本企业的，对不熟悉日本社会经济背景的读者来说，理解上可能会有些吃力。如果以后有修订的机会，希望能有我国企业的案例可以利用。

第二，各章后给出的思考题，目的不是检验学生对基本问题理解掌握的程度，而是引导学生对该章问题作进一步的深入思考和培养学生研究问题的兴趣。其中有些讨论性的问题，可作为开卷考试的试题。

第三，本教材没有涉及流通作为产业部门在国民经济中的总量及结构问题。这是因为本学科应属微观经济学的范畴。商品流通论作为一门学科，应该有其独立的理论框架体系，有贯穿始终的逻辑关系，并有明确的内涵与外延，即特定的研究对象和学科的边界，而不是流通相关知识的大杂烩。本教材在这些方面做了初步的尝试和努力。上述总量与结构问题，应放在宏观经济中加以研究。同样理由，纯粹商业企业内部管理层面的问题，也排除在教材之外，应放在企业管理中加以研究。

第四，本教材没有涉及我国的流通问题。因为这是一本简要的、讲述市场经济流通基本原理和一般规律的教材。我国的流通问题十分复杂，体制转轨的过程，夹杂着大量的市场外部因素，没有一定的理论功底，不掌握流通的基本原理，想总结归纳纷繁的流通现象是困难的。并且，从我国的流通问题中总结出具有普适性的规律或原理还为时尚早。我国的流通问题，可在研究生阶段的课程中来讨论。本科教学中，教师可根据具体情况补充国内流通的内容。

本教材的编写主要参考了以下教材和工具书：矢作敏行著《現代流通》（有斐閣1996年版），石原武政、池尾恭一、佐藤善信著《商業學》（有斐閣2000年版），田村正紀著《流通原理》（千倉書房2001年版），石原武政、加藤司著《流通》（有斐閣2002年版），姚林著《现代流通论》（中国财政经济出版社1999年版），以及久保村隆祐、荒川祐吉監修、鈴木安昭、白石善章編《最新商業詞典》（同文舘1995年版）。

本教材的最终修改定稿，得到了东北财经大学夏春玉教授的鼎力相助。夏老师花费大量时间将书稿从头到尾做了仔细的订正，并提出了许多宝贵意见，在此表示衷心的感谢。吉林大学商学院2002届市场营销专业和产业经济专业的研究生在以本讲义作为补充教材使用过程中，对文中概念、定义和疏漏之处作了补充、确认和订正；吉林大学商学院2001届本科生在试用本教材后反馈了大量的意见和建议，教材修改时采纳了其中大部分意见，在此致以真诚的谢意！感谢王铭先同学花费大量时间完成了本书中全部图表的扫描绘制工作，王海平、庄成明同学细致地整理出书后的词汇索引，以及董海风、朴栋淑、罗云平、刘宇、马小琴、于开乐、房雪、吕洁、刘力涛、崔博等同学对全书所做的最终校对。特别感谢吉林大学教务处将本教材列入“吉林大学十五规划教材项目”，并给予资金和出版方面的支持。感谢科学出版社编辑王玉敏女士、陈亮先生为本书出版付出的辛劳和耐心，没有他们的鼎力支持和理解，本书不会这样顺利问世。最后感谢所有在本教材编写和出版过程中给予关注和鼓励的朋友们。

吴小丁

2004年7月

目　录

第一章　什么是商品流通

本章教学目的

明确流通在社会经济系统中的位置，了解流通如何使经济循环得以顺利进行，从而理解市场经济体制下商品流通的作用和意义；掌握商品流通的主要功能及交易次数简化原理。

1.1　商品流通与经济循环

1.1.1　流通的复杂性

社会经济活动是由生产、流通和消费构成的。作为一个循环的系统，三者之间的关系如图 1-1 所示。企业作为生产单位，从作为消费单位的家庭筹集劳动力、资本和土地来进行生产，并把生产出的商品销售给专业化流通机构。这些流通机构再把它们作为消费资料转售给最终消费者，或者作为生产资料转售给生产者。消费者通过向生产和流通部门提供劳动力来获得工资回报。而工资又形成消费购买力，从而构成了商品与货币的循环流动。

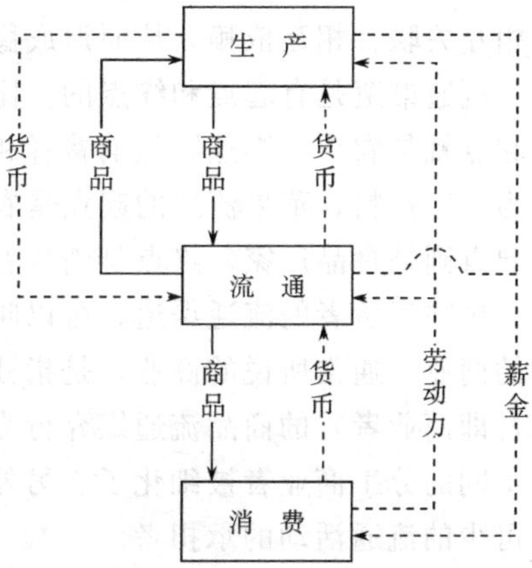

图 1-1　经济活动的循环

资料来源：矢作敏行，1996

如前所述，生产、流通和消费三者之间保持着紧密的联系，并构成一个不断运转的经济系统。所谓商品流通（distribution），就是商品从生产到消费的社会性转移，也可以说是从生产阶段到消费或使用阶段，与物品和劳务的社会性移动相关的各种活动的总和。在本书中，作为生产、流通对象的商品，仅限定为有形商品。

图 1-2 是日本的农产品流通渠道示意图。产地收获的苹果、萝卜，可以有多种不同的流通形态。例如，可以作为果蔬类商品进入批发市场，也可以在生产者和消费者之间直接买卖即产地直销，还可以在食品厂家加工成罐头，作为加工食品来流通。显而易见，这些流通渠道之间是具有替代关系的。

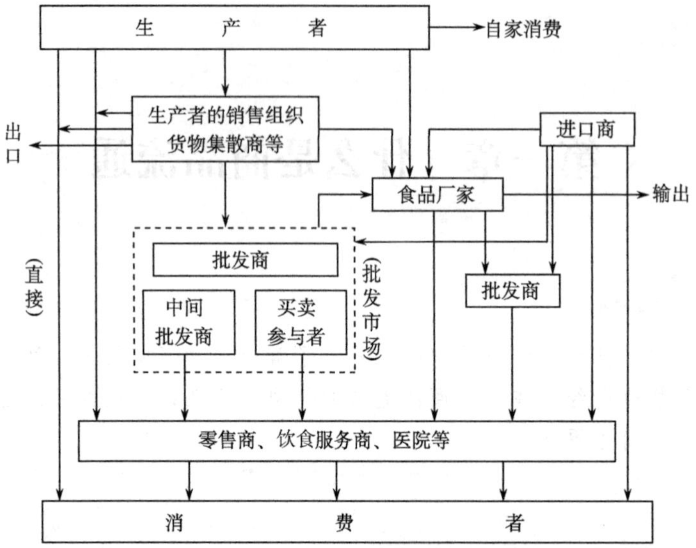

图 1-2 农产品流通渠道
资料来源：矢作敏行，1996

流通活动的承担者由生产者、批发商、零售商、产业用户（连锁餐馆、加工制造商）及消费者共同构成。他们各自的活动可以分化成阶段性的、功能性的行为。这些行为相互关联、相互依赖，从而形成稳定的结构。

流通渠道是有起点和终点的。比如，苹果经由批发市场、蔬菜水果零售商时，流通的起点就是农户，终点则是消费者和使用者。而当苹果加工成果汁时，就比较复杂了。作为生产资料，苹果流通的起点是农户，终点是食品厂家；而作为消费资料，果汁流通的起点则是食品厂家，终点是消费者。

排除消费者的流通渠道，可以叫作盈利流通渠道。其中，批发业、零售业可看作狭义的商业。通常所说的商业，是指社会性交换的当事者（即生产者和消费者以外的第三者，即商业者）的商品流通媒介行为及其从事的商品流通活动的统称。在图 1-2 中，根据不同的分工商业者被细化了。另外，金融、运输、信息处理等相关辅助商业者也是必不可少的流通活动的承担者。

由上述可知，大量的商品不断向零售店运送，从而形成了多环节的流通过程和错综复杂的交易关系。随着经济的发展和社会分工的进步，流通的复杂性也不断提高。以生产力的提高为背景，人们脱离了自给自足的生活，并产生了社会性的剩余生产物。社会分工引起了城市和农村的分离，出现迂回生产，从而扩大了市场范围。其结果是产生了大量生产的技术，实现了商品的低成本大量生产。为了掌握需求并满足需求，广告宣传、品牌等市场营销日益被人们重视。在这个过程中，交通、通信、信息媒体等流通的基础设施也得到了发展。

1.1.2 怎样理解商品流通

为了理解复杂的流通，必须把握准确的分析视角。本书是把流通过程作为一个系统

（体系）来看待的。流通过程的确非常复杂，生产者、商业者、相关辅助商业者、消费者和使用者之间，具有相互依赖的经济关系，在反复进行流通活动的过程中相互调整，形成了有秩序的系统。也就是说，每个流通成员虽然是相对独立的，但是流通的目的把他们联系起来，组成一个有效率的系统。

把流通作为系统来分析可以分为以下三个层次进行。

首先从社会经济的层次来看，如图 1-2 所示，这是客观地观察特定商品从生产到消费或使用的流动路线，称为流通渠道（distribution channel）。流通渠道也可定义为商品的经济性社会转移的路线。

其次，从特定企业的层次来看，与流通渠道相区别称为销售渠道（marketing channel）。

最后，从总体上把握商品的社会移动，此时的流通称为流通机构或流通系统（marketing system）。图 1-1 所示为生产、流通和消费三者组成的循环系统，是把流通作为社会经济系统来观察的。

流通系统在受外部环境影响时，也将这种影响波及整个经济系统。流通系统作用于社会叫作流通任务，流通任务具体是指消除生产与消费的分离。直接决定流通任务的是生产与消费的结构和变化。在这个意义上，生产与消费成为流通的任务环境。另外，技术、媒体、交通、通信、政策、劳动立法制度、价值观等一般性外部环境叫作流通的制约环境（图 1-3）。

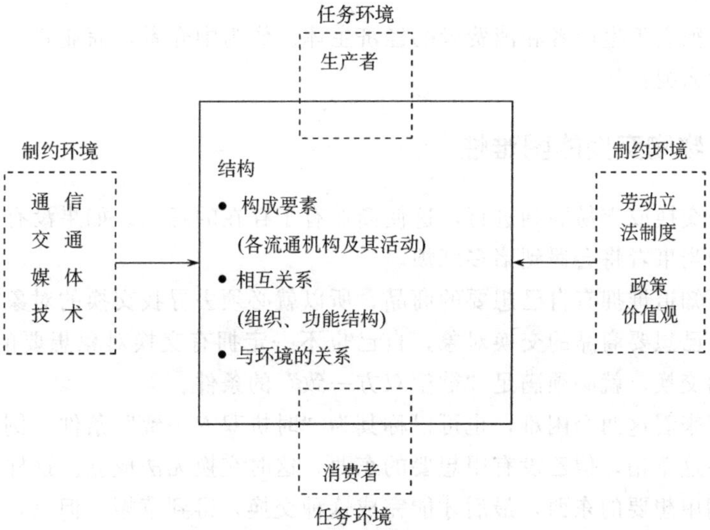

图 1-3 流通系统示意图

资料来源：矢作敏行，1996

如果从流通的目的、系统和环境三个方面出发，就可以用单纯的原理看清复杂的流通活动的运动了。流通之所以看起来很复杂，是因为它反映了任务环境和制约环境的复杂性。流通的目的是连接生产与消费。面对障碍和竞争，流通成员一定会采取合理的适应行为。如果理解了流通成员的目标和系统内部的决策机构，就能看清流通是如何为适应环境而变化的。

把流通作为一个系统来看时，应注意以下几点。

(1) 流通是由无数独立的人和组织不断地决策而形成的。流通发展的源泉正在于此。本教材案例所选的企业和经营者就持有这种流通观。

(2) 要注意商业者的社会“中立性”。商业者是生产者的销售代理，也是消费者的购买代理。其起到了调整生产者与消费者相互对立要求的作用。消费者并不一定要买特定厂家的商品，而是希望尽可能买到物美价廉的商品。生产者却希望把自己的商品以尽可能高的价格卖掉。这一矛盾，由于商业者的介入大大缓和了。

(3) 生产、流通和消费的界限并不十分明确。虽然生产、流通、消费的功能可以区分，但是这些功能的承担者在生产者、商业者、消费者之间不断转换。生产者也从事销售产品的流通活动；商业者也通过商品开发积极参与生产活动。而消费者购买生鲜食品和熟食时，对生产、流通的参与程度是大不相同的。

(4) 在具体观察流通时，有必要设定一个“舞台”。流通活动的“舞台”就是市场。市场由下列四个要素决定：经营的商品、流通的环节（批发还是零售）、空间的范围（全国市场还是地方市场）、时间的范围（以月为单位还是以年为单位）。只要限定了市场，流通的复杂性就大大降低了。

1.2 商业存在的基础

商业者是独立于生产者和消费者的经济主体。作为中介者，商业者在流通过程中存在的根据是什么呢？

1.2.1 物物交换的困难性

商业能使交换或交易顺利进行，这使商业有了存在的意义。如果没有货币进行交换的话，交换的当事者将会遇到诸多麻烦。

第一，不知道谁拥有自己想要的商品，所以就必须去寻找交换的对象。第二，即使找到了拥有自己想要商品的交换对象，自己也不一定拥有交换对象想要的商品。这样，为了完成物物交换，就必须满足“欲望双方一致”的条件。

换个角度来看这两个困难，也可以称其为“时机双方一致”条件。例如，甲持有草帽，而乙想要这草帽，但乙没有甲想要的东西，这时交换无法成立。这样乙就要通过与他人交换得到甲想要的东西，最后才能完成这种交换，得到草帽。但是，甲是否愿意或能够等到乙回来并不确定。

这样，为了交换就需要漫长的时间。可是困难并不仅此而已。即使满足了以上两个条件，还有交换比率和交换单位的问题，即自己的物品与交换对象的物品以怎样的比率交换合适。下面以草帽和小刀的交换为例来加以说明。

交换比率暂以交换对象物的相对价值来决定。在物物交换的社会，决定交换对象物价值的主要因素通常是生产该物所需的劳动时间。这里，我们假设做一顶草帽需要 1 个工作日，做一把刀需要 10 个工作日，所以草帽与刀的交换比率为 10：1，这一点是双方认可的。但是，即使这样，交换也不一定能成立。例如，刀的所有者也许只想要一顶草帽。这样，这种交换也会以失败而告终。1 顶草帽与 1/10 的刀交换是无法想象的。也就是说，如果相互交换的物品能够无限分割，便没有任何困难。但通常并非如此。要完成物物交换，需要克服非常多的困难。交换双方相互搜寻需要一定的时间和金钱（搜寻费用，search cost），在实际交换时双方为交换比率或交换单位进行交涉也需要花费时间和金钱（交涉费用，contact cost），这两项费用相加形成狭义的交易费用（transaction cost）。

货币和商业的出现，使这些困难大为缓和。从历史上看，先有货币还是先有商业是个很有趣的问题。不过，至少从理论上来看，商业缓和了物物交换的困难是毋庸置疑的。首先，我们来考察货币的作用；其次，考察商业的作用；最后，考察货币与商业作用的不同。

1.2.2　分散交换与集中交换

现在我们假设，拥有帽子的人想以帽子作为交换手段来交换其余 4 种商品，其他的 4 个人也有同样的想法。先看图 1-4 所示的分散交换：分散交换时，完成所有的交易，共需要交换 10 次。推广到一般情况，通常用公式 $n\ (n-1)\ /2$ 来表示。其中，n 是交换当事人人数（假定前提是不同的人有不同的商品）。

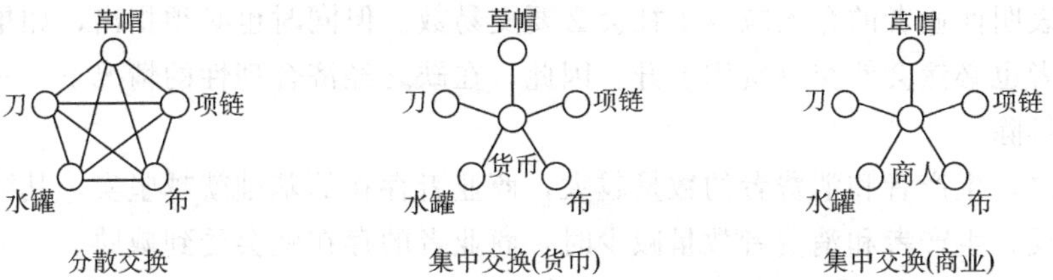

图 1-4　分散交换与集中交换（货币的作用与商业的作用之比较）

资料来源：石原武政等，1991

那么，货币出现后这个物物交换的世界会出现什么状况呢？货币是任何时候都可以与任何商品相交换的一般等价物，几乎是可以无限分割的。在物物交换中，由于货币的介入，交换所必要的欲望、时机等双方一致条件，仅需单方一致便可达成。总之，物物交换时的搜寻交换对象、决定交换物单位等困难，因货币这一交换媒介的出现而得到了缓解。从图 1-4 可以看出，由于以货币为交换手段，完成所有交换所需交易次数降为 5 次。

商业的形成也和货币交易的形成一样，从分散交换转变为集中交换，商业者们把所有要交换的物品都采购来。于是，上例中的草帽持有者，把草帽拿到商业者这来，便可交换其他 4 种物品，而其他人也一样可以这样做。商业进入物物交换的世界后，完成所有交换所需的交易次数大为减少。

在图 1-5 中，我们假设预先知道了生产者和消费者的人数，现实中却并非如此。对于生产者来说，通常并不清楚谁买了自己的商品，而消费者也不知道谁在生产自己想要的商品。商业就是通过把生产者与消费者之间各种各样的交易信息进行收集、整理和提供，从而缓和了交易的困难。

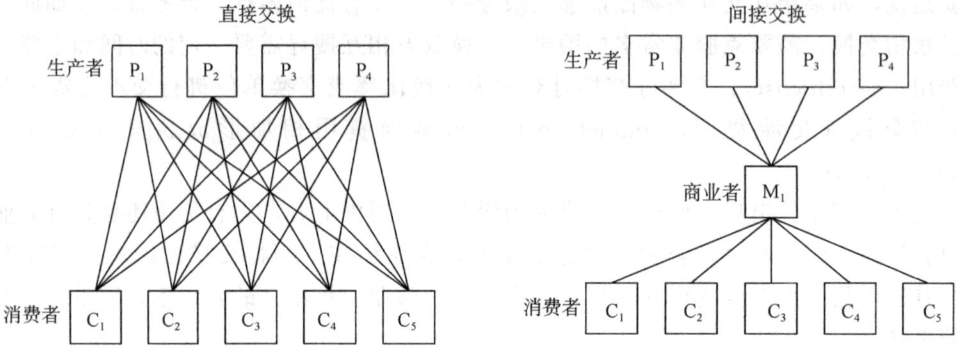

图 1-5　直接交换与间接交换比较

对于消费者来说，商业者的备货物品代表了所有的生产者。相反，在生产者看来，他把销售问题全部委托给商业者，自己便可全力投入生产。商业者把很多生产者和很多消费者的交易集于一身。这样，商业者便形成了社会化的集中性的备货，使买卖双方寻找对象的搜寻时间大大减少。

我们把上述规律叫作交易次数简化原理（principle of minimized total transaction），这一原理表明商业者的介入减少了社会必要交易数。但同时也必须指出，如果无限制的增加商业者也必然会使交易费用上升。因此，在缺乏经济合理性的情况下，一部分商业者便会被排除。

换言之，生产者和消费者的数量越大，商业者存在的基础就越坚实，其数量也随之增大。相反，生产者和消费者数量减少时，商业者的存在就会受到威胁。

1.2.3　交换中货币及商业的作用

货币与商业有什么不同呢？货币和商业都是把分散交换变成集中交换，所以在交易形式上，两者的作用是相同的。但其作用的内容大不相同。货币出现后，流通便采取了买卖的形态，其过程比以前大为顺利了。可是这并没有彻底解决问题。虽然货币出现后，物物交换的困难由欲望单方条件一致而得到缓解，但买者要找卖者，卖者要找买者这一点基本没变。寻找交换对象的困难虽然减少了一半，但并不表示任何时候都能够迅速准确地找到对方。

货币生产在形式上把物物交换中欲望双方一致的困难减少了一半，但货币能够做的，仅此而已（虽然货币除此之外还有重要的交换上的功能）。

通常情况下，货币都是作为交换手段而存在的，它使交易形式变得集中，但这都是从每个交换当事者的角度出发的。商业却能准确地为全社会提供顺利的交换。商业与货币根本的不同就在于减少了搜寻时间。商业超越了货币的界限，为交换而进行关于卖者和买者的必要的信息整理。如果考虑到货币作为交换媒体而存在，那么商业的社会作用就更明显了。

1.2.4 商业与市场问题

商业能够节约搜寻时间，使买卖顺利，并不仅仅是对于每个交换当事者来说的，而且对于整个社会经济来说也是有着重要意义的，但是商业的出现并没有完全解决市场问题，这是因为货币进入交换过程中使销售与购买相分离，这样原本在物物交换中统一的交换数量，在总体上便难以保证了。

具体来讲，在买卖双方结束交换后，销售出去的商品，便退出了交换经济的舞台。但是卖者拿到货币后并不一定马上就购买其他商品，他也许会把购买暂时延期，把货币储藏起来，这样货币也退出了交换经济的舞台。结果，本来应该用这些货币购买的商品就销售不掉了。并且，一次销售受挫，会使一系列的交易停滞，给经济发展带来负面的影响。市场经济越发展，这种恶性循环的影响就越大。这种现象类似于宏观经济学中所说的乘数效应（不过二者的作用方向相反）。换句话说，货币的储藏功能给了货币持有者等待交换时机的权利，结果导致销售比购买困难得多。反过来说，在货币经济中，要想购买商品，最好是先卖掉自己的商品，让自己手中持有货币。所以对于商品生产者来说依然要面临销售问题，其对经济的不良影响随时都存在。

由此可见，虽然商业对缓和这些问题起到了一定作用，但是并不能全面解决市场问题。商业只是缓和了卖者找不到买者的困难，从而使各阶段交易受挫的可能性降低。

1.2.5 商业是市场机制的启动因素

买卖如果在完全市场上进行，会出现什么结果呢？由于完全竞争市场的假定前提如下：

第一，成为买卖对象的产品是同质的；

第二，存在很多买者和卖者；

第三，谁也不能自由决定该产品的价格；

第四，所有买卖当事者对交易情况有充分的信息；

第五，买卖的加入和退出完全自由，交易在瞬间内即可完成。

所以，在完全竞争市场上，每个人都根据从市场价格中得到的信息决定自己的行为，这是最合理的。其结果便会达到理论上所说的“资源的最佳配置”状态，并且形成由消费者的需要和欲望来决定所有资源利用的“消费者主权”(consumer sovereignty)。结果是既没有妨碍任何竞争，又把以最低价格销售消费者最喜欢的商品的销售者留在市场上。

然而，世上不会有那么理想的事。为了实现市场机制（或叫作价格机制）的效果，上面的五个条件是必要的。但现实中，交易既需要时间也需要费用，而且完全的交易信息也是不可能的。由于商业介于卖者与买者之间，更准确地说是介于生产者与消费者之间，便可创造出与现实中不存在的完全竞争市场相似的环境。这是由于商业在生产者与消费者之间，把买卖社会性地集中，并把有关交易的信息进行社会性处理，上述状态才能成为可能。在这种状态下进行交换，交易费用便大大降低。

而且，商业备货的多样化，使得商业所处理的不仅仅是一种商品的交易。也正是由于商业备货的是各种各样的商品，才能更加有效地处理生产阶段和消费阶段的信息。作为各种生产者和消费者之间的媒介，商业所追求的不只是关于某种商品市场的完全竞争。商业的作用可以说是在各个流通环节的横断市场上形成了“完全竞争市场系统”。

从理论上说，市场是关于某种物品的所有卖者和买者都参加并决定该物品交易条件（适当价格）的场所。从而，因商业的介入，市场分为两个阶段，一个阶段是生产者与商业者间的市场，即中间市场（intermediate market）；另一个阶段是商业者与消费者间的市场，即最终市场（ultimate market），也叫消费者市场（consumer market）。商业把很多种类的商品进行备货，这样各种商品的中间市场和消费者市场便以商业为中心聚集起来。商业促进横断“完全竞争市场系统”形成的意义正在于此。

1.2.6 商业竞争的意义

商业者在转售购入商品的同时，不仅节约了交易费用（狭义的流通费用），而且还通过对交易信息的社会性处理，使市场机制运转。但除此之外，要使市场机制灵活运转，还有一个必要条件就是商业内部的竞争。

根据交易简化次数原理，最有效率的状态是生产者与消费者之间只有一个商业者。可是，为什么现实中却有很多商业者存在并且他们之间要有激烈的竞争呢？一个原因是市场的空间性、地理性。例如，不管备货有多丰富，价格有多便宜，也不会有人花着往返车票钱，特意去北京、广州买衣服。零售市场的大小即限制了其空间性、地理性（打破这一制约的方法在第五章说明）。而某个商业者交易辐射的地域范围叫作商圈（trading area）。

另一个理由是商业者的技术性限制。商业者要处理各种市场的交易信息，才能使市场机制运转，但这只是理论上的说法。现实中，每个商业者的商流、物流、信息流处理能力是有限的（这便是批发商存在的根据）。

这两个制约因素，便是众多独立零售商业者存在的理由。但随着流通技术的进步，所谓技术性制约必然会被打破，如运输速度的提高、运输费用的下降或信息处理技术的提高等。因此，只从这个方面来说明众多独立商业者存在的理由是很困难的。真正需要弄清楚的问题是，为什么在同一商圈内会有很多独立的商业者存在？因为这关系到与市场机制的运行有内在联系的商业竞争的本质。

只有单个商业者，市场机制是不能充分运转的。商业要对交易信息进行处理，但只有单个商业者存在时，无法保证处理后的信息是合理反映所有卖者和买者的信息的。信息的正确处理，是通过商业者之间的竞争来实现的。在这种意义上，商业竞争便是市场机制运转的内在启动因素。

1.3 生产与消费之间的供求结合过程

1.3.1 流通分离

一般来说，分工越发展，生产与消费之间的“距离”（即分离）就越明显。流通的出现就是为了缩短并消除生产与消费之间的分离（separation）。在自给自足的部族社会中，可以看到物品物理意义上的移动，但实际上不存在流通。回顾一下鲁宾孙的故事，在他那里，生产和消费之间怎么会有分离呢？反过来说，流通，特别是商业在他那里又有什么作用呢？

这个问题很久以前就令流通论者大为烦恼了，这里我们为它作一个大体的解答。流通能消除生产与消费在空间、时间和所有权上的隔离，这些就是流通的效用，也就是商业产生的价值，分别叫作地点效用（place utility）、时间效用（time utility）及所有权效用（possession utility）（Alderson，1957）。

如果仔细分析这些效用的实际形态便可看出，场所效用的实质是运输功能，时间效用的实质是保管功能。运输和保管实际上是生产阶段的一部分延伸到了流通阶段。与其说这是流通论所固有的问题，不如说是经济学的问题。而所有权效用，被通俗地理解为消费者从对某物品拥有所有权（即购入）中得到的满足。

生产与消费的分离叫作流通分离。流通的社会作用就是消除流通分离，使生产与消费供求结合。在消除流通分离时，便产生了流通效用。下面我们就来了解一下几种分离的表现形式。

（1）形态分离。形态分离是指生产与消费在产品的功能、设计、尺寸等属性上的不一致，形态分离主要是在生产阶段消除。但流通不仅仅是关于成衣尺寸的调整、水果蔬菜的切割、礼品的包装等形态调整，还涉及订货生产时获取订单这种形式的形态决策。所以说，流通分离的消除主要集中在消除所有权、时间和空间分离这三个焦点上。

（2）所有权分离。所有权分离是指生产者拥有商品的所有权而消费者却不拥有。商品的所有权就是商品的拥有者可以自由地使用或处理该商品的权利。消费者要消费某商品就必须获得该商品的所有权。如果商品的所有权没有从生产者移交至消费者，交换就不成立。生产者与消费者或使用者之间的所有权分离具体是指由谁来怎样承担所有权风险的问题，通过交易可以消除所有权的分离。

（3）时间分离。之所以产生时间分离是因为生产在时间上是集中的，而消费则需要相对较长的时间。物品的妥善保管消除了时间分离，保持了物品的有用性（使用价值）。

（4）空间分离。生产在特定的场所集中进行，而消费却在很多场所分散进行，因此产生了空间分离。适当的运输消除了空间分离，对于消费或使用而言是对获得的物品进行了空间配置。

为消除流通分离就必须进行对应的流通活动，由此形成了（所有权与货币的）商流（title flow）、（物品的）物流（physical flow）、（信息的）信息流（information flow）等三流。三流总体叫作流通流（marketing flow）。商流对应所有权分离，物流对应时间与空间分离，而信息流则承担着商流和物流运动中枢神经的作用。实际上这三要素是密不可分的。

1.3.2 “库存”与“信息”

生产与消费的调整依赖于库存。多数消费品是预测生产和流通，由产品库存来调整供求的。消除生产与消费的时间分离，正是依赖于库存调整功能。

缓冲库存（buffering stock）是一个常用的概念。缓冲库存在各个工厂与商铺中随处可见，其作用是为了应付供求结合过程中发生的不确定性。工厂为了维持顺利的作业要有原材料和配件的库存，批发商的仓库和零售商的店铺里也有产品库存，这样才能使交易顺利进行。库存把生产与销售、进货与销售、销售与消费连接起来，形成了从生产到消费移动的物流。

库存并不仅仅在流通阶段作为缓冲材料发挥着供求调整功能，它还具有反映需求的功能。虽然生产者和商业者为了正确制订生产流通活动的计划，希望努力掌握消费者的需求，但是不能保证通过与消费者的直接沟通来完全了解消费者的愿望。在现代销售市场，消费者的偏好是通过消费者喜欢的商品畅销、不喜欢的商品滞销的现象来显示的。这正是价格机制调整供求的表现，而库存的变动则反映了供求的状态。

库存就像缓冲材料一样，吸收着生产流通活动中的不确定性，同时也作为信息来显示供求状况。但库存是有成本的，具有积压和废弃的风险。为了减少库存费用和风险，任何企业都希望将库存量压缩到最低。

但是“以库存来进行供求结合”这一命题在企业决策行为中并不是无条件被认可的。因此，企业在以库存变动为根据的同时，还要进行尽可能正确的需求预测，降低库存水平，回避风险。而不进行预测，就只能面对库存积压的不确定性。这样，库存的物的功能和信息功能可以相互替代。现实中，企业并不是在预测信息和物品库存投资间二者择一地来对付未来的不确定性，而是选择在努力做到正确预测的同时尽可能压缩库存的最优化行为。

1.3.3 备货形成活动①

备货（sort）是为了满足目标顾客的需求，从一个或几个不同的供应商处分别把一些同质异种的商品集中起来。除了商品的种类外，还包括不同的品牌、价格、规格及数量。

以库存为标准的供求调整功能论是着眼于个别商品的。但是，在流通过程中，特定商品的供求调整并不是孤立的。从生产者的角度来看，流通分离的消除是从个别商品的角度来考虑的，但是从商业者的角度来看，把大量物品集中起来并对其进行重新组合，从而实现供需调整，这也就说明了备货形成（sorting）活动这一概念。

备货形成取决于流通成员经营的商品种类及其库存量。两种以上物品的集合叫作备货物（assortments），可以理解为“商品组合”。备货形成中的库存并不单纯是物品，同时还作为备货物这种具有个别价值的集合物（collection）（Alderson，1965）。

备货物在各阶段是不一致的。比如说消费品，生产阶段的商品集合由比较单纯的商品组合形成。在工业制品的工厂和农产品的产地，商品集合状态通常是大规模的、同质的、标准的。而在消费阶段，商品的集合状态是由比较复杂的商品组合实现的。我们的餐桌和衣柜所实现的备货物与工厂和产地的备货物相比是小规模、异质的。

备货物在流通过程中是不断变化的。在生产阶段，产地和发货者制定商品结合的标

---

① 参见 Alderson，1957。

准，而在批发阶段是由顾客和商品的特性决定了备货物的形成标准，在零售阶段是由消费者的需求等决定备货物的标准。备货物根据各阶段商品的结合标准，由上游向下游移动时，不一致性逐渐消失。

备货形成是以消费者为对象进行的。到零售阶段，商品的集合状态达到类似于家庭中餐桌上和衣柜中的接近日常生活的内容。同时还附带着实际消费中必要的信息和服务。商业者是以备货物的优劣相互竞争的。

备货形成由以下四个方面组成：集中（accumulation）、分散（allocation）、分类（sorting out）和备齐（assorting）。把相同的商品收集到一起叫作“集中”，将聚集起来的大量商品向若干消费地发货叫作“分散”。根据商品种类（不同质量和大小）来分类叫作“分类”，把不同种类的商品组合在一起叫作“备齐”。

批发零售商的进货是“集中”，销售是“分散”，而适应消费者个性生活方式和爱好进行备货的特色零售商，则比较注意进货和销售活动中的“备齐”和“分类”。

如果没有利用卡车和配送中心等设备进行商品的转移和保管，备货形成的各个阶段就无法连接起来，如图 1-6 所示，运输、保管和备货形成交互形成链条。根据下一阶段物流的任务，备货形成分为运输品备货和库存品备货，而运输和库存又是下一个备货形成的预备活动。价格的形成和信息的提供也包含在这个过程之中。今天，食品、服装、杂货等我们日常生活中的很多消费品都是通过备货形成活动提供的。

但是，也有备货形成活动不太活跃的消费品，如汽车、钢琴、住宅等订货生产的商品基本上不需要备货；机械设备和钢材、水泥等生产资料一般是根据订单生产的，所以也不需要备货。

也就是说，备货是在标准化商品的预测生产中，以产品库存为基础的供求结合方式。库存在流通阶段发生时，生产和消费之间备货物的不一致造成供求分离，而在订单生产中不产生供求分离。订单生产根据这种订货信息的投入，将供求直接结合起来。

这一讨论在第五章的延期投机原理中会进一步展开，供求结合方式作为生产流通系统的决定问题也将得到进一步的详细论述。

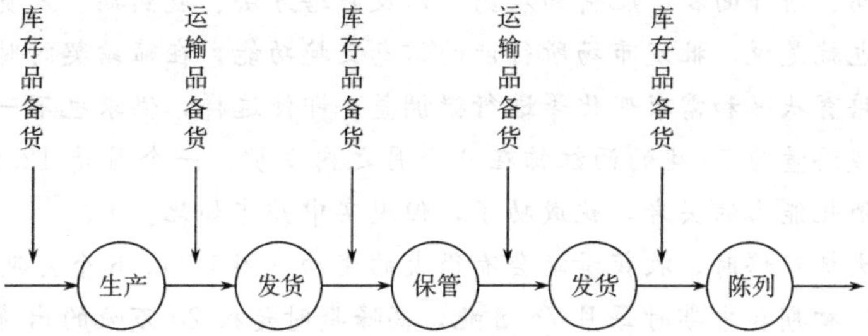

图 1-6　“交替备货链”示意图

“交替备货链”的英文 transvection 是阿尔德森创造的，意思是在交换过程中，每一环节的备货形态都有所不同，交换一次变化一次，交换—变化—交换—变化—；连成一个系列，田村正纪将其翻译成日文为“交变系”。中文也可译作“交变链”

资料来源：Alderson，1965

案例：日本的批发市场和直销

在零售店里经常看到“产地直销”这样的促销用语，意思是不通过任何流通环节由产地直接运来进行销售，这是以鲜度取胜的新鲜食品的促销标语，简称直销。

日本在20世纪60年代以后，随着消费品物价的急剧上涨，落后的流通体系受到了批判，城市的“生活协同组合”[①] 和地方自治体以及超市开始越过中间环节采取产地直销的方式。“越过中间环节就能便宜”，这种观点现在也能经常听到。

但是从生鲜食品的流通来看，应当对流通中介功能给予正当的评价。经由批发市场的方式改为生产消费直接见面的方式，如果没有替代批发市场的体系就不能成功。

中心批发市场产生于1923年，东京于1935年在驻地、神田、江东等开设了三个市场。到1995年，在全国56座城市（人口20万人以上）中就有中心批发/市场88个，经营着各种水产品、蔬菜水果、肉类、花卉等。批发市场由以下成员构成。

（1）地方公共团体：开设并运营管理市场。

（2）批发商：接受生产者的委托，拍卖商品。

（3）中间批发商者：从批发商处买来商品，在市场的店铺内陈列，向零售商销售。

（4）买卖参加者：除超市和食品加工商等中间批发商以外的所有可以参加拍卖的人。

（5）相关事业者：饮食业、运输业等市场内的相关事业者。

生鲜食品的生产与消费均为小规模分散型，批发市场充分发挥着集聚、中转、分散的流通功能，从而使供求关系决定的价格机制正常运转。

这里，我们来看一看产地直销这种新的创意——“让生产与消费直接见面”。生产量和生产时间由自然条件左右的农产品和水产品，让消费生产直接见面是困难的。要把蔬菜水果稳定地供给消费者，到收获期后跑到各个产地去就来不及了。在生产前阶段，生产者就要与买者按需求量缔结契约，以确保契约栽培是必要的。买者与生产者就品种选定、播种时间、耕作面积、肥料和农药，以及栽培方法、成熟期、发货期等内容进行详细的协商。也就是说，批发市场所行使的信息交换功能，在缔结契约时集中进行。之后，根据作物培育状况和需求变化等进行微调整。即使这样，供求也不一定能很好地结合。假定契约栽培量为75吨的西红柿在6个月之内发货，一个月是12.5吨的发货量，如果具有这样消化能力的买者，就成功了，但现实中并非如此。

例如，在大棚栽培时，收获量就会有很大的变动（图1-7）。6个月期间收获量为75吨的契约栽培，初期和中期时每月7～8吨，高峰期时是按20万吨的出货计算。买者的消化能力，以每月12～13吨算的话。初期或中期就会出现商品不足，高峰期就会发生库存过剩。直销的成功例子是很少的，其原因正是这种供求之间的差距。

---

① 日本的消费者组织，简称“生协”。

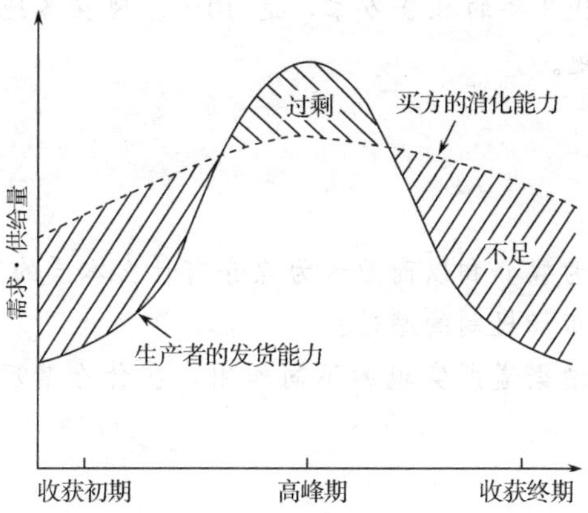

图 1-7　供求不均衡的发生

资料来源：矢作敏行，1996

当然也有个别成功的例子。一些中等规模的“生协”，会员进行西红柿酱的加工与保存，使西红柿的消费增加，从而努力消除供求差距。但消费者不依赖批发市场、自行进行供求结合时必须要想到所要承担的巨大责任。

然而，以稳定、廉价地供给商品为目的的产地直销运动却失败了，尽管这种廉价还依赖于会员的无偿劳动。失败的原因主要有以下两点。第一，产地直销自身不具有决定价格的机制，只能参照中心批发市场的竞卖价格，所以它不能成为一个廉价供给的独立机构。第二，保证商品种类和数量的问题。尽管它有钳制和补充市场流通的作用，但不能保证作为一个消费的主要供给机构所应有的商品种类和数量。生产地与消费地的价格差扩大时产地直销的意义是显而易见的，但其差额一旦缩小，产地直销这种方式就自然消失了。产地直销的失败证明了商业绝不是无用之物，商业把种类繁多、数量巨大的商品从无数的生产者那里集中起来以满足消费地的需要。因此，理解商业的积极作用是十分必要的。

然而，从 20 世纪 80 年代后半期开始，批发市场发生了变化。不经由市场的流通量增加，批发市场的交易量减少。例如，20 世纪 90 年代中期蔬菜水果批发市场的经由率从货物重量来看减到了 80%，水产品和肉类批发市场的经由率则更低。购入西红柿以外的青菜的消费模式的变化、超市的发展、进口商品直接销售的增加都使市场外流通量增加。

特别是超市与国内产地的契约栽培和海外采购，改变了生鲜食品的流通。超市为了消除供求差距，与国内外不同收获期的生产者签订契约，保证了稳定的采购量。在店铺数量增多的同时，采取广告促销手段，使超市具有生产与销售调整的内部力量。消费与生产直接见面的直销在某种程度上成为可能。

批发市场制度是以生产与消费的小规模分散性为前提发展起来的。在流通阶段也与此相适应，生鲜食品的专门零售业非常繁荣。然而以超市为中心的大型零售业的发展使小规模分散的流通结构发生了变化。超市的事前预约相对价格制的普及，使批发市场的拍卖式的价格机制减弱了。另外，肉类、鲜鱼、蔬菜水果零售业店铺的总数，由 1976

年的16.8万家减少到1993年的9.9万家，达40%。现在各地批发市场都面临着批发商减少等深刻的经营问题。

思考题

1. 商品交换以货币为媒介和以商业者为媒介有什么本质的不同？
2. 为什么说流通是市场机制的基础？
3. 消费者与盈利流通渠道所实现的不同作用，在什么情况下会发生变化？从生活中找出具体实例。

参考文献

木地節郎，吉田裕之. 1988. 現代流通の課題. 京都：啓文社：1-9，13-14

石原武政，池尾恭一，佐藤善信. 2000. 商業学. 东京：有斐閣：27

石原武政，加藤司. 2004. 商品流通. 吴小丁，王丽译. 北京：中国人民大学出版社：1-15

矢作敏行. 1996. 現代流通 理論とケースで学ぶ. 东京：有斐閣：2-24

田村正纪. 2007. 流通原理. 吴小丁，王丽译. 北京：机械工业出版社：2-6

田島義博，原田英正. 1999. 流通入門. 东京：日本経済新聞社

张闯，夏春玉. 2005. 农产品流通渠道：权力结构与组织体系的构建. 农业经济问题，(7)

Alderson W. 1957. Marketing Behavior and Executive Action: A Functionalist Approach to Marketing Theory. Homewood, IL: Richard D. Irwin

Alderson W. 1965. Transaction and Transvection, in Dynamic Marketing Behavior. Homewood, IL: Richard D. Irwin

Bucklin L P. 1966. A Theory of Distribution Channel Structure. California: IBER University of California

词汇列表

商品流通 distribution
流通渠道 distribution channel
销售渠道 marketing channel
流通系统 marketing system
搜寻费用 search cost
交涉费用 contact cost
交易费用 transaction cost
狭义的交易费用 transaction cost
交易次数简化原理 principle of minimized total transactions
消费者主权 consumer sovereignty
中间市场 intermediate market
最终市场 ultimate market
消费者市场 consumer market
商圈 trading area
分离 separation
地点效用 place utility
时间效用 time utility
所有权效用 possession utility
商流 title flow
物流 physical flow
信息流 information flow

流通流 marketing flow
缓冲库存 buffering stock
备货 sort
备货形成 sorting
备货物 assortments
集合物 collection
集中 accumulation
分散 allocating
分类 sorting out
备齐 assorting

第二章　流通分析方法

本章教学目的

掌握流通分析方法，即从流通功能、流通机构、商品等代表性分析视角来分析和评价商品流通。

2.1　流通功能分析

2.1.1　流通功能

功能（function）是“某一事物自然且固有的特殊活动”。与其说是活动，不如说是必须完成的任务。流通中固有的且专业化的各种活动的总称就是流通功能（distribution function）。流通功能是消除生产与消费的分离所必要的活动。

流通功能具有以下特征。

（1）流通活动中固有的。虽然流通功能并不存在于所有的流通活动中，但在典型的流通活动中是肯定存在的。

（2）在典型的流通活动中是必不可少的。所以，如果行使某项功能的机构发生变化，或者行使功能的方法发生变化而使活动本身不复存在，流通也就成为不可能。

（3）主要的经济活动。这是由于流通系统是作为经济系统的一个子系统来行使其功能的。

从上述特征可以看出，流通功能中包含着第一层次经济系统的社会经济功能和第二层次流通系统的流通经济功能，第三层次是系统内各部门中的经营等经济功能。因此，流通功能是根据达到流通目的的功效来分类的。

2.1.2　流通功能的分类

如上所述，流通功能是根据达到流通目的的功效来分类的。较为常见的分类方法是根据流通在经济系统中的作用，即从消除生产与消费的经济分离这一观点出发来进行的。其代表性的分类如下：①所有权转移功能（交换功能）——购买、销售；②物品转移功能（物流功能）——保管、运输、流通加工；③辅助功能——流通金融、风险承担、信息传递、标准化。

1. 所有权转移功能

所有权转移功能是指为了转移商品所有权的买卖活动，由开发商品的采购对象和销售对象、交涉价格和其他交易条件等活动构成。社会分工造成了生产者与消费者的分离，因此，只有通过所有权的转移，消费者才能得到商品，使需求得到满足。而所有权的转移是通过买卖的成立来进行的。交易不成立，所有权就无法转移。因此，所有权的转移，还必须事先进行策划、搜寻、宣传，即挖掘和唤起生产和需求等各种活动。在这些准备工作的作用下，所有权才得以转移，在所有权转移功能中，包含着实质性的供求结合的活动。因此，从流通功能的本质来看，供求结合比所有权转移这一法律用语更为合适。

这种供求结合，通过调整商品生产状态与需求状态之间的不一致，使消费者能够在所希望的时间及场所，以所希望的价格买到所期望质量和数量的商品。因此，供求结合功能中包含着市场信息收集分析等市场评价，产品开发、价格制定、渠道选择等商品调整，以及广告等信息传递和缔结契约的交易等各种活动。

2. 物品转移功能

物品转移功能是消除生产与消费之间时空分离的活动，创造时间效用和空间效用，由保证充足订单为目的的对商品进行物理性保管、运输、配货等活动构成。物品的转移是随着所有权转移而进行的，是定向的流动，是使物品发生物理移动的技术性劳动。

运输意味着商品伴随着消除生产与消费之间的空间分离而发生物理性移动，是以商品的空间性移动来克服生产与消费在地理上的距离的技术性劳动。保管所行使的是克服生产与消费时间分离的时间调整功能。商品的具体移动，只靠运输或只靠保管都不能创造时空效用，只有将运输和保管统一起来才能实现物品转移功能。一般将运输和保管统称为物的流通（physical flows）。但是，物的流通只靠运输保管还不能顺利进行，还需要配货。配货是指为运输准备商品、划分等级、选择订单等活动。要想使商品的运输和保管都能有效地进行，必须要有使商品变成适合运输保管的状态这样一种流通技术，并且从各种运输机构装卸商品、仓库的进出库等作业，也是不可缺少的。前者是包装，后者是装卸。因此，商品的实物流通是包括运输、保管、配货等各种活动在内的技术性劳动。以标准化的方式进行这些作业才会有效率。

3. 辅助功能

商品由生产到消费的社会移动，首先是以所有权的移动为开端的，因为是有偿的买卖关系，所以货币和商品是支付与相反支付的关系。原材料购入的资金、再销售商品的进货款等流通的周转资金和设备资金等必要的资金融通，对于商品的顺畅流通来说是必不可少的。这就是流通金融。

另外，在商品流通过程中，还存在随着销售时间的延长和销售距离的扩大，以及经济环境、天气等市场情况的变化而发生的行情变动，以及自然灾害造成的财物损失等危险。生产者和商业者所承担的这些风险叫作流通风险。流通风险可通过商品交易所的套期保值和保险制度转嫁或共同分担。

市场信息为了使价格机制有效运行而承担着最基本的功能。广泛地收集、处理、传递积累需求信息、竞争信息、促销信息，是流通活动的润滑剂。

标准化不仅涉及交换和物的流通，还涉及市场信息的收集等更广泛的领域。作为流通客体的商品，对其质和量，以及交易方法实行标准化，可使复杂的流通活动简单化。规定了产品规格便不用进行实物库存，并且使远程交易成为可能，从而使商品的筛选和小包装更容易。

流通金融、流通风险负担、市场信息及标准化，由于不是与商品的社会移动本身直接相关的活动，所以叫作辅助功能。

2.2 流通机构分析

上面我们已把流通功能分为所有权转移功能（供求结合功能）、物品转移功能及辅助功能等三大功能。这些功能的承担者是流通机构。流通功能包括所有权转移的交易功能和市场调查、运输、保管、金融、保险等多种功能。但对于商品的社会转移来说，最本质的功能是交易功能。所以承担交易功能的机构就成为商品流通的中心机构。另外，承担市场调查、广告、运输、保管、金融、保险等功能的专业机构，是不直接与商品交易功能发生关系的促进流通的机构。因此，作为流通主体的中心机构，即承担流通交易功能的机构包含生产者、商业者及消费者。从流通的主体来考虑流通的问题就是流通机构的分析视角。

2.2.1 流通机构的类型

流通的承担者是变化的。仅就零售商而言，各种各样的零售商所承担的功能也是不同的。不能有效率地行使社会必要功能的流通机构就不能生存。

通过分析流通机构和辅助机构的特征及相互关系，才能看到组织和竞争的结构，以及流通系统的变化。如果直接承担流通功能中交换功能的中介者是狭义的商业者，那么，商业者就是由零售商、批发商、中间商（intermediary）三者构成的。零售商和批发商具有所经营商品的所有权。而中间商不具有所经营商品的所有权，只是作为委托人的代理人而进行活动。

零售（retail），从字面来看可以理解为零星销售，其任务是把大批量单位的商品分割成适合消费的小批量单位，直接向最终消费者进行销售的活动。零售商（retailer）主要以向最终消费者转售为目的而购入商品，具有数量多且分散的市场结构。批发商（wholesaler）将零售商、批发商、产业用户、政府等作为转售对象。与零售商相比，批发商具有交易批量大、交易价格低、经营规模大等特点。但这些特点都是相对而言的。零售商与批发商的区别是看其主要的“转售对象”是不是最终消费者。由于零售业是直接面对最终消费者的流通机构，所以根据经营商品的种类、功能、组织、规模、所在地等分类很细。

批发业负责生产者之间及生产者与零售商之间的流通。在整个流通体系中，批发

(wholesale) 是处于生产与零售之间的经济活动，除了对个人消费者的销售即零售外，所有的销售都可以称为批发。批发业中，除了承担传统交易功能的批发商外，还有生产者自营的销售公司、销售分店和销售事务所，另外还包括零售商单独或共同组织的批发经营。与此相区别，我们把独立商业资本的批发商叫作传统批发商。

此外，还有不拥有商品的所有权，只承担销售责任，为促成买卖而进行一定的必要操作的商业者，他们只作为交易的媒介而存在，包括代理商、经纪人等，统称为中间商。其中，代理商会在一定时间内保存商品，而经纪人不承担商品保存的责任 (Alderson，1965)。中间商不承担所有权风险，只提供把卖者与买者结合起来的功能。他们的收入来源不是买卖差价，而是中介手续费。

除此之外，辅助机构中还有很多运输、金融、市场调查、信息处理等专业机构，支持着商业者的活动。关于承担物流功能的机构：过去，有批发商用自己的卡车运送商品，承担着商品运输功能；零售商也有自己的仓库，承担着商品保管功能。随着市场的扩大，商品流通的经济活动越来越复杂，商业内的分工也越来越细，物的流通成为独立功能的专业活动，运输功能由从商业者中分离出来的专业运输机构来承担，保管功能则由仓储机构来承担。辅助功能中的流通金融功能，由各种金融机构和保险机构来行使，风险负担也由保险公司和商品交易所承担。行业团体和调查研究所、报道机构有时也在流通机构分析的视野中出现，这样才能进行有效的分析。

如上所述，流通功能分别由各种功能性专业机构来承担。由于流通的社会经济作用在于以商品的社会性移动来消除经济分离，所以，所有权转移的交易功能是本质的功能，其承担者——商业者是流通功能的中心机构。但是，商品的流通仅依靠这一功能是不能最终实现的，只有运输、保管、保险、广告、代理店、金融等辅助机构与本质性的流通机构紧密地相互联系，商品流通才能顺利进行。这些流通机构相互连接，形成商品流通渠道 (channel of distribution)。

2.2.2　流通变化的源泉

流通机构分析方法是观察流通系统的结构和竞争行为变化时的基本视角。管理史学家钱德勒注意到，19 世纪末，美国在大企业体制确立之前和之后，流通结构是不同的。大企业有很多工厂、仓库和营业所，具有原材料购买、生产、销售、运输等多种功能的同时，形成了许多科层组织，其中包括调整很多事业单位或很多功能并有效运营的高层管理、负责不同职能部门的中层管理、负责营业所的基层管理。其结果是形成了大量生产、大量流通的体制，使商品流通的数量增大、速度加快。最初在美国广大范围内成功构建了自己销售组织网的是当时具有代表性的家庭用机械器具公司——新佳缝纫机公司，在 20 世纪最初的 10 年里，营业所数由 200 个增加到 1700 个，形成了营业所、地区事务所、地域事务所的三级科层销售组织。其核心是提供零售、修理、货款回收等多种功能的末端营业所。

在零售连锁店领域，1859 年创业的食品店 A&P，到 1930 年便开设了 15 000 家店铺。连锁商店组织是和新佳缝纫机公司一样的科层销售组织，确立了由中央总部各主要商品组进货负责人组成的统一集中进货体制。

以上两家是把市场交易内部化而形成的革新流通机构的典型。杂货零售商与大企业对市场的影响，与“看不见的手”相比，表现为“看得见的手”。由此可以看出，流通活动的承担者、流通任务的分配及组织流通活动的方式，是流通变化的基本决定因素。

2.3 商品类别分析

2.3.1 商品类型

所谓商品（commodity），是指所有具有效用和稀缺性的物品和劳务，与单纯的人工制品是不同的概念。商品最初是为交换而生产或捕获的物品，是流通的客体。流通机构分析是从流通主体研究流通问题的，而商品类别分析是从流通客体出发研究流通问题的。商品类别分析的意义在于设定市场这个流通活动的舞台。商品特性不同，流通的功能、机构、系统也不相同。例如，破损性大的生鲜食品和破损性不太大但质量差别很大的家用电器，流通系统的结构是不同的。

按用途不同可将物品分为消费资料（consumer goods）和生产资料（industrial goods）。相同的个人电脑，消费者为了满足自己的需求而购入，它就是消费资料；企业的采购部门为了进行生产和其他任务而购入，它便是生产资料。

消费资料根据不同的标准有很多不同的分类。代表性的分类方法（Copeland，1923）是按购买行为分为以下类型。

1. 便利品

便利品（convenience goods）就是购买风险小的商品。所谓风险小的商品，一般而言，就是购买单价低、消费时间（耐久性）短、消费者涉及度低的商品。对于这样的商品，消费者在购买的时候往往不会花费特别的精力，而是感觉有需要马上就去买，或者是在商店里看到觉得有需要就会迅速买下。例如，质量差别不大的生活必需品，消费者购买时在质量比较、店铺选择等方面就不需要付出太大的努力。所以，消费者一般会在居住或工作场所附近购买。具体的如盐、糖等加工食品，洗涤剂和香皂等日用杂货、内衣或袜子等实用衣物等，需求量比较稳定，受经济状况变化的影响不大，需求弹性较小。

2. 选购品

选购品（shopping goods）就是消费者能够通过自身的比较行为降低商品购买风险的商品。市场上许多商品的价格较高，同时商品的各类属性也有较大差异，这使得消费者对此类商品的金融风险和时间风险的感知比便利品要高，因此，必须将事前可能感知的风险尽可能在购买前降低（Kaish，1967）。方法之一就是依靠消费者的购买行为。购买这类商品时，消费者会在预先想象的具体消费情况下考虑商品是否能够充分发挥作用，再作出是否购买的选择。选购品的消费者选择和购买的特征是以适宜性、质量、价格、风格为基础进行对比的。这种商品消费者在购买时没有明确的购买偏好，所以希望对价格、品质、设计等产品属性获取更多的信息。不像便利品那样追求即时的需求满足，从需求发生到购买实现，需要比较长的信息收集时间。例如，女士时装、服饰杂货、家具等，多为价格较高、购买频率较低的商品，需求量容易受经济状况的影响，需求弹性较大。

3. 特殊品

特殊品（specified goods）就是消费者会在购买前进行品牌选择的商品。消费者在购买选购品时，收集信息及评判商品的活动是在购买活动中进行的，而在购买特殊品时，类似的收集信息及评判商品的活动在购买前就已经完成了。当消费者事前选择了某个品牌时，购买中就会只是一味地寻找这个品牌，这类商品被称为特殊品。当然，事前选定购买品牌的行为，与购买过程中选定品牌的行为会有不同。前者，消费者会主动寻找可以信赖的人，接受他们的建议。这些人可能是朋友或专家。虽然最终仍是取决于消费者自己的判断，但这个判断大部分都是依赖于其他人而作出的。

特殊品的选购特征是相当数量的数量者甘愿付出特别购物努力的、具有独特特征或品牌的商品，并形成购买习惯（Copeland，1923）。例如，特定厂家的品牌力和质量信誉、零售店的声誉，消费者为了去特定商店购买要付出特别的努力，基本不进行选择，如知名设计者品牌、某种类型的小轿车、乐器等趣味性商品。即使在便利品和选购品中，特定产地的特有耕种方法栽培出的蔬菜水果、限制人工成分加入的肥皂等也会作为特殊商品购买。需求量不太受经济和收入变化的左右。

4. 专业品

专业品（specialty goods）就是消费者在购买时需要依靠零售商推荐的商品。由于市场上的商品及品牌的变化太快，对于一些价格高、风险大，而且不能事前选定的商品或品牌，消费者即使进行了比较也不能降低感知风险的。此时，他们在作出判断时不得不依赖零售商。那些拥有令消费者充分信任的备货，又掌握商品与消费相关知识的专业零售商，可以降低消费者的感知风险。因此，消费者信任该店铺所提供商品的服务、质量、价格，不经过比较就会直接购买。专门品购买的前提是，某零售商品牌或对其品质、服务的广泛好评在消费者心目中占有重要的位置（石原武政，2003）。

除此之外，以耐用性这一商品特性为标准，还可以分为耐用消费品和非耐用消费品。

生产资料按用途主要分为设备、消耗品、原材料。

2.3.2 主体和客体的一致

如果明白了商品流通，流通组织的行为及与其相关的结构就清楚了。便利品消费者的购物倾向是选择距出行起点最近的商店，所以便利品的生产厂家，为了扩大销售额，一般采用开放式流通渠道，即向尽可能多的零售店配货。为实现大量分散的配货，只用自己的营业网是不够的，所以会选择让各地批发商介入以增加配货零售店数量的策略。因此，便利品的流通渠道一般长而细，就是说流通的环节多，并且交易量较小。

以女士服装为代表的选购品，由于没有大量分散配货的必要，所以生产厂家一般选择那些集客能力强的店铺进行重点配货，在那里，消费者容易进行比较购买。选购品的流通渠道通常是有选择性的，而且比较短。

特殊品与选购品不同，消费者喜欢在特定的商店购买。交通方便的地点自然很好，但考虑到消费者不会顾虑路途远近的特点，配货点数量比选购品的少，且流通渠道简单。

在便利品领域，成功构筑了独自的分散零售流通系统的是连锁便利店。便利店备货形成的焦点集中在“需求发生—购买行为—消费”短时间内完成的消费紧急性高的消费者需求，如忘记购买的商品，突然发生的需求、马上能消费的商品（如盒饭）等均属这种需求。而半径为500米的较小商圈，终年无休、长时间营业的便利店，是随时满足消费者即时性需求的营业形态。从便利店可以看到流通主体（店铺）与客体（商品）高度的一致性。

2.4 市场成果的评价

2.4.1 多样的价值标准

市场成果的判断标准并不是唯一的。不管市场景气与否，货币升值与否，只要消费物价不下降，消费者就会不满。只要人工费用和国内材料费上涨，利润减少，生产者就会陷入经营困境。夹在二者之间的商业者、零售商营业天数增加，开店时间延长，工会就会要求其改善劳动条件。

这时，流通成员的价值标准就会有零售价格、生产者利润、劳动条件等多种多样的指标，形成微妙的对应关系。构成社会的不同个人和不同团体的利益是不一致的，调整其中的利害关系，就成为政府介入的理由。

例如，企业利润该多高，是使用了垄断才得到的“暴利”，还是革新的正当“报酬”。对于这些没有一致的标准，也不存在公正的判断。产业组织论中，在评价企业利润这一成果时，设定了市场结构—行为—成果的分析框架，排除了缺乏管理根据的评价。这一分析框架有助于作出公正的判断。

2.4.2 以效率为基础

流通成果的评价标准一般采用效率（efficiency）。效率用投入-产出系统来测定。流通产出量的测定通常以物的流通量和销售额等流通渠道经过量（throughput）为标准。但是，流通效用并不是单纯以物品为基准的概念。消费者或产业用户形式上购入的是物品，但实际上，这些购入的物品中蕴含着方便性和信息等种种功能。购入的是物品和服务合为一体的合成物品。流通产出的内容及定义如表2-1所示。

表 2-1　流通产出及其定义

流通产出水平	定义	与产出的关系
选址分散度	一定区域内从具有激烈竞争关系的不同生产企业（某商品的生产部门）进货的交易地点（如零售店铺）的数量和分散程度	+
配送时间	消费者对某商品发出订单至收到该商品的等待时间	−
备货宽度	地理上独立的流通机构所经营的不同商品种类数	+
最小批量	特定商品在零售店的基本销售单位量	−
购物舒适度	购物场所为消费者带来的舒适程度	+

资料来源：田村正纪，2007

表 2-2 展示了“各食品零售业态流通服务产出的特征”，不同业态的流通服务水平是不同的，从表中各项内容来看，具有比较高的流通服务产出的业态有便利店和食品超市。

表 2-2　各食品零售业态流通服务产出的特征

流通服务		超市	便利店	一般零售店
形态		[食材][熟食] 大批量	[熟食][食物] 小批量	[食材][熟食] 中小批量
时间	营业时间	短	长	短
	购物时间	长	短	短
场所	数量	数十、数百	数百、数千	单店
	商圈	半径 1000 米	半径 500 米	狭窄
备货		多品种 多品牌 大量库存	多品种 少品牌 少量库存	少品种 少品牌 中量库存

资料来源：矢作敏行，1996

如果利用流通产品和成本负担结构，并结合消费者费用对流通效率进行评价，在某种程度上可以提高评价的准确性。消费者所负担的费用有货币费用（monetary cost）、时间费用（time cost）、生理费用（psychic cost）三种。货币费用指消费者以货币形态为流通功能行为支付的费用，如交通费、停车费等；时间费用包括消费者为购买商品所付出的信息搜索时间、来店所需时间和购买时间；生理费用除购物消耗的体力外，还包括购物场所拥挤或停车困难等带来的心理烦躁等（田村正纪，2007）。在流通投入成本不变但流通服务水平上升或流通服务水平不变但流通成本减少时，就说明流通任务的效率提高了。

但是，任务效率的概念也有不太明确的地方。成本的增减自然会影响产出量，但任务效率是提高还是降低并不确定。或者，增加投入成本时，边际产出量提高，就说明任务效率有所提高。对任务效率的考查，并不是简单套用就可以的。也就是说，任务效率作为动态尺度是有局限性的。

另一有效的评价标准是价格机制的运行效率。价格机制是依照消费者的偏好，有效率地调整流通过程的各种活动、最佳分配经营资源的市场原理，提高价格机制效率最有效的手段是竞争。如果能够保证竞争自由，资源就会得到最佳分配，价格机制的作用会充分发挥出来。企业为了赢得竞争的最后胜利，只排除浪费，提高效率并不够，还必须针对顾客需求进行创新。竞争能激励企业家精神，这是社会长期发展的原动力。

2.4.3 消费者主权

价格机制的卓越之处，在于需求信息反映价格的同时，还决定了流通的变化。正如有权者投票进行政治上的决策一样，由消费者的投票行为决定流通活动，这便是消费者主权（consumer sovereignty）的理念。

为了实现消费者主权，需要一些基本的市场条件。首先最重要的是使现有所有物品和服务价格反映生产流通活动所需费用的完全竞争状态。这是消费者经济性投票行为的前提条件。

其次，要能够确保消费者的选择权。如果商圈内只有很少的几家零售店营业，而每家零售店提供的商品又比较少，那他们总体上提供的商品就是极其有限的。另一种情况可能是商圈内虽然有很多店铺在营业，每个店铺也提供很多商品，但是他们所提供的商品基本上都相似，那买者也是没有选择权的。在这些状况下，消费者的选择就会受到限制。

另外，为进行正确选择，信息条件也是必备的。除了广告表现、品质标识、规格等之外，优秀的信息刊物、公平的事故索赔信息等帮助消费者搜索信息的信息条件也必不可少。

只要价格机制正常运转，经济效益和社会效益（价值标准）便会达成一致。

思考题

1. 你居住的地方，出现了什么样的零售机构或什么样的零售机构消失了？综合环境变化加以分析。

2. 说“消费者是上帝”，提无理要求的消费者也是上帝吗？我国消费者为什么经常找不到“上帝”的感觉？从企业与消费者的关系方面，思考消费者保护和消费者主权问题。

3. 批发商、零售商、代理商之间的根本区别是什么？

4. 按购买行为给商品分类有哪些好处？

参考文献

木地節郎，吉田裕之．1988. 現代流通の課題．京都：啓文社

石原武政．2003. 商品分類再訪－専門品とブランド品の区別を中心として (Classification of Consumer Goods Revisited). 経営研究，53(4)：35-60

矢作敏行．1996. 現代流通 理論とケースで学ぶ. 东京：有斐閣

田村正纪.2007. 流通原理. 吴小丁,王丽译. 北京:机械工业出版社

Alderson W. 1965. Dynamic Marketing Behavior: A Functionalist Theory of Marketing. Homewood,IL:Richard D. Irwin

Buckin L P. 1963. Strategy and the classification of consumer Goods. Journal of marketing,27(1)

Bucklin L P. 1966. A Theory of Distribution Channel Structure. IBER University of California

Chandler A D Jr. 1977. The Visible Hand: The Managerial Revolution in American Business. The Belknap Press of Harvard University Press

Copeland M T. 1923. Relation of consumers' buying habits to marketing. Harvard Business Review,1(2)

Kaish S. 1967. Cognitive dissonance and the classification of consumer Goods. Journal of Marketing,31(4)

Persky J. 1993. Retrospectives: consumer sovereignty. The Journal of Economic Perspectives,7(1)

词汇列表

功能 function
流通功能 distribution function
物的流通 physical flows
零售 retail
零售商 retailer
批发商 wholesaler
批发 wholesale
中间商 intermediary
流通渠道 channel of distribution
商品 commodity
消费资料 consumer goods
生产资料 industrial goods
便利品 convenience goods
选购品 shopping goods
特殊品 specified goods
专业品 specialty goods
效率 efficiency
经过量 throughput
货币成本 monetary cost
时间成本 time cost
生理成本 psychic cost
消费者主权 consumer sovereignty

第三章 商　　流

本章教学目的

理解促成商品所有权转移的交换生成机制，从经济学和管理学两个不同的视角，来理解交易流通（商流）这一复杂的人或组织间的交涉过程。了解社会商品交换的链条是如何形成的，理解市场机制是如何以商品流通为基础运转的，并用交易费用理论的原理解释商品流通中的交易关系。

交易是人与人之间基于经济动机而进行的交换。交易用 transaction 一词来表述更容易理解，其本质在于联结（trans）人与人的行为（action）。从这个意义上说，流通的社会作用就是消除生产者与消费者（或使用者）之间的分离。因此交易就是人或组织间的交涉过程。

3.1 市场交易与组织交易

3.1.1 交易费用理论

传统的经济学理论认为，自由的市场交易是通过价格机制调整供求关系来实现理想的社会资源配置的。在这种理论中，生产和消费是直接相连的，流通被抽象掉了。但是在现实中，供求结合是需要交易费用的，而且在生产和消费之间也必然存在着流通。

威廉姆森的交易费用理论指出，市场交易是需要费用的，组织内部交易（企业内部的交易，以下简称组织交易）可以节约交易费用，所以必然会取代市场交易。在市场交易与组织交易这两极之间，存在着交易关系的很多中间形态，流通正是存在于这个变动范围之中的。

从流通论的角度来看，交易费用理论（transaction cost theory）是从人的行为视角对交易费用的发生进行剖析的。①在“理性经济人”的假定前提下，人们会采取自身利益最大化行为，但是人们因为受到对未来的预测能力和信息收集、处理等能力的制约，所以仍然是“有限理性”的。②人是利己的，当对己有利时，一些人会不惜采取背叛、欺骗、威胁等“机会主义”行为。但人们的“有限理性”和“机会主义”并不直接产生交易费用，只有与环境因素结合时，交易费用的问题才会尖锐起来。

“有限理性”在复杂的环境中，会因信息不充分和信息不对称而成为交易的障碍。另外在交易对象不可替代的交易关系中，即使怠工偷懒，也不一定会使交易关系破裂，所以“机会主义”较易蔓延。

总之，要防止“有限理性”和“机会主义”，就必须完善信息条件，就具体的交涉达成协议并加强监督。由此，便发生了以下的交易费用（transaction cost）：①寻找合适交易对象的搜寻费用（search cost）；②为达成交易而解除信息不对称的交涉费用（contact cost）；③保证按照协议实现交易的事后监督费用（enforcement cost）。

这些费用都是关于信息的。其中提到的信息不对称，常常会导致不良品质问题的出现。例如，旧汽车买卖时，卖者由于长期使用，掌握了详细准确的有关二手汽车质量的信息，可买者除了运行里程和外观之外，不可能与卖者掌握同样的信息，短时间的试乘也并不会获取更多的信息。无论卖者怎样劝说“是好车”，买者也仍然会担心，所以无法按卖者希望的价格成交。

即使事前对交易对象的搜寻很充分，但是由于交易过程的信息不对称，买者仍不得不继续收集和分析信息。

上述监督费用中提到的监督，目的就是为防止机会主义行为导致的道德风险（moral hazard）。即使就交易条件达成协议、签订合同，也不能保证按合同进行实际交易。为了保证质量，在交付商品时就必须进行检验，而推迟支付时间则是为了抑制交易对象怠工；另外，也需要监督卖方提供的售后服务。

当交易费用超过一定水平时，企业就会为了削减交易费用而把市场交易转化为内部化的组织交易。

3.1.2　持续交易关系的多样性

交易关系的选择，并不是在市场交易和组织交易中二选一。交易费用理论中也假定有中间的交易形态。交易关系的变动范围如图 3-1所示。随着交易费用的发生，交易关系的形态会从市场交易向组织交易转变。在市场交易与组织交易的中间，存在着多种持续交易形态，它们对应于交易费用的发生，向纯粹的市场交易和组织交易两个方向转化。在这里我们把交易关系假定为一对一的关系。

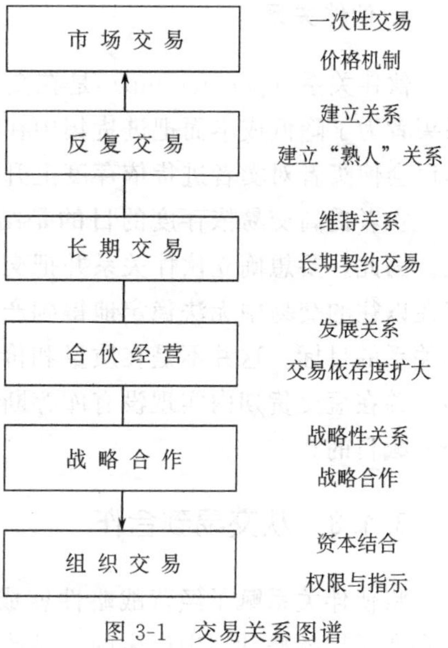

图 3-1　交易关系图谱

资料来源：矢作敏行，1996

1. 市场交易

市场交易（market transaction）是以匿名和一次性为原则的当场交换（exchange）。在市场交易中，卖者想以尽可能高的价格销售商品，买者却想以尽可能低的价格购入商品，所以两者的关系是对立的。由于一次性的当场交换很容易引起机会主义行为，所以，市场交易中不可避免地要发生交易费用。

现实中，仅限于当场的一次性交易并非一般情况。通常情况下，如果卖者不担心债权回收，就会给予买者信用，从而使交易关系稳定下来。

2. 反复交易

反复交易（repeated transaction/exchange）就是进行重复交易从而降低交易费用的交易形态。例如，医生与患者初次见面，医生就知道患者的病情，患者却不知道医生的医术。因此，患者就需要努力去收集医生的有关信息。但如果是经常接触的医生，患者就可根据过去的经验判断医生的医术，而不必要去收集信息。

市场交易中，买者和卖者结成了纯粹的经济关系，但在反复交易中，同时也形成了人与人的关系。随着交易的持续，交易关系便显示出很强的社会关系色彩。

3. 长期交易

长期交易（long-term transaction）是反复交易的长期持续形态。它是一种随着交易的不断进行而减小不确定性的实际手段，具有明显的契约关系倾向。而契约关系的建立，使得持续交易关系更加稳定，这正是长期交易的特征。

短期内难以弄到的稀缺物资，以及大量需求的特殊原材料和配件，在采购时通常建立长期契约关系。在消费品部门，大型零售企业与供货商之间结成一年期的交易契约，以谋求生产和销售活动的稳定性，就属于长期交易。

长期交易关系中，买卖的对立性在契约范围内得以缓和。同时，双方对非价格交易条件（如质量、交货期等）的交涉，也具有长期交易的特征。不过，长期交易依然具有明显的市场交易性质——交易关系的不稳定性，但这种不稳定性不再体现在更换交易对象上，而是体现为更新契约。由于契约到期时会有交易中断的危险，所以目标和信息的共享只能限定在有限的范围内，这是长期交易的有效制约条件。

4. 伙伴关系

伙伴关系（partnership）是在交易和功能上相互依赖程度很深的持续交易关系。如果买者为了降低成本而把进货集中在少数几个有利的卖者处并达成长期交易的契约，就不仅会使买者对卖者进货依存度上升，也会使卖者对买者的销售依存度上升。

卖者提高交易依存度的目的是结成伙伴关系，但交易对象越集中，交易风险就越大。因此，要想确立伙伴关系并把交易对象压缩到很少的数量，就必须先明确目标。由于在以往的交易中无法稳定地得到产品和附加服务，所以，改变这种状况就成为建立伙伴关系的目标。这并不是在质量和价格间作出权衡，而是要开发出高质量、低价格的商品，并在短交货期内实现没有库存断货的目标。在激烈的竞争环境下，结成伙伴关系是令人瞩目的。

3.1.3 从交易到合作

将伙伴关系赋予经营战略性就成了战略合作（strategic cooperation）。战略合作是从企业长期战略计划中产生的，是改善企业竞争条件的交易战略。最典型的是与顾客或竞争对手在共同开发新市场、新产品、新技术时组成的企业或项目组。战略合作还包括为实现开发“高品质、低价格”商品，提供“短交货期，无拖欠品”的物流服务等更高目标的组织化活动。

美国研究者调查了839个水平或垂直的战略合作案例，其中，汽车、飞机、通信等国际技术竞争领域的战略合作较多，其中40%的产品是共同开发的，70%以上是与竞争对手合作完成的。

战略合作由以下四个要素构成。

(1) 共同目标。为了有效分配长期经营资源，最低限度的合作条件是设定共同目标，并达成协议。由于不是合并为一个组织，所以保证企业的自由立场是目标设定的重点。

(2) 经营资源的结合。当某些商品或劳务，无法从市场购入而在组织间进行技术开发又来不及时，就只能靠结合企业间的经营资源来创造。不同质的经营资源或新技术的互补性结合具有很好的效果。

(3) 平等互惠原则。合作成果分配的互惠性，对维持关系是十分必要的。成果并不仅仅是利益，也包括学习效果。如果没有成果，战略合作就会解体。

(4) 战略性。对于不同的企业来说，最大的课题是战略性地创造出竞争优势。为共同开发出符合行业未来发展趋势的新技术、新市场并且实现规模经营而设立合办公司，以排除竞争对手。战略合作方式多种多样，常被引用的例子是丰田与GM（通用公司）在加利福尼亚州的共同生产。这一战略合作的结果是丰田获得了在美国怎样解决劳资关系的诀窍，GM学会了日本式生产方式并强化了小型车市场。

另外，战略合作分为包括商品开发和不包括商品开发两种。不包括商品开发时，目标限定在节约费用和备货最优化的电子交易、汇总订货、汇总付货等功能方面；而包括商品开发的合作，关系到企业整体或事业部级别，多是高品质、低价格的差别化商品开发，一般以大型零售企业为主进行。

反复交易和长期交易，可以节约交易费用，具有降低流通系统投入费用方面的效果。而战略合作在此之上进行新技术、新市场的开发，具有增加流通系统产出方面的效果。

最后是组织交易（organizing exchange），可以把组织交易想象成生产部门与销售部门的关系，在科层组织的企业中，是以权限和指示对生产计划和销售计划进行最终调整的。

3.1.4 交易特殊性投资与“封闭的关系”

在向持续交易关系演变的过程中，交易关系的结构发生了根本的变化。即从与多数交易者交易转向与少数交易者交易，从“开放的关系”转向“封闭的关系”。

前面我们假定了在市场交易的多边关系中存在可替代的交易对象。然而，交易主体间一旦结成持续交易关系，随之建立的人际关系和长期契约关系，就可节约交易费用。随着交易的持续进行，交易双方相互了解了彼此的能力、性格和行为模式，便逐渐消除了信息的不对称。如果交易持续下去，交易关系的可替代性便会逐渐消失。

交易形态一旦形成，无论是交易依存度高的伙伴关系还是分担长期共同课题的战略合作关系，相互关联的程度都会进一步加深，交易对象的限定就更明显。

交易费用理论中，也并不是说所有情况下都会建立持续性和限定性的交易关系。在环境复杂、信息明显不足或不对称的特殊情况下，交易关系才由“市场”向“组织”演变，商品和交易条件的复杂性决定了交易的复杂性。也就是说，交易的商品是否标准，附带的交易条件是否规范，是决定交易复杂程度的基本要素。

建立伙伴关系和战略合作的目标是“高品质，低价格”和“零断货、短付货期”，这是市场交易无法实现的，这需要成本稳定的采购。非标准化商品在不规范的交易条件下买卖时，交易双方要作具体的约定，并且要为实现交易付出种种努力。这种与特定的交易关系相关的投资叫作交易特殊性投资（specific investments）。

在流通阶段，交易特殊性投资的目的在于，以低成本对流通机构提供差别化的商品和流通服务，这包括人和物两方面的投资。例如，供应商会给不同零售商配置专门负责人和专门营业场所。

专门负责人对其所负责的销售课题作个别处理，以保证畅销商品的数量、适当的交易期、促销计划的效果等。另外，在对特定零售连锁店进行商品开发时，负责人承担沟通协调、筹建项目组及组织运营的工作。

物的投资涉及信息化投资、库存投资及设备投资等广阔的领域。在EOS（electronic ordering system，电子订货系统）、EDI（electronic data interchange，电子数据交换）的信息化投资中，要求每个零售商有专用终端机及计算机系统。

近年来，日本一部分强有力的零售连锁店，为了做到精确的库存管理，逐渐要求食品行业的供货商引进专用库存管理方式。以往，厂家和批发商通常对其库存商品进行统一管理，按向顾客交货的顺序出库，而不对特定顾客进行库存管理。但随着零售商的库存管理要求加强，厂家和批发商开始对一部分重要顾客实行专用库存管理方式。

在设备投资中，除了设置专用配送中心外，在向特定连锁店供应商品时所进行的生产线追加和改造，也属于交易特殊性投资。

交易特殊性投资在每次交易中回收，不是经营问题。但在持续交易关系中，人和物的投资具有先行投资的意味，而且包括难以转用于其他交易对象的投资。专职负责人和专用配送中心的投资与交易扩大没有关系，具有成为沉没成本的危险。供货商争取了解交易对象的经营能力和竞争力，对有实力的企业进行有选择的交易特殊性投资，就是为了规避沉没成本的风险。

交易特殊性投资一旦进行，卖者为了回收投资，便希望交易能持续进行；买者希望交易特殊性投资带来的差别化商品和附加服务对竞争有利，所以也努力维持交易关系。因此关系一旦确立，双方便陷入这种封闭的关系中。

3.2 流通渠道的组织化

商流在流通过程中是以流通渠道来表现其具体形态的。流通渠道是从生产到消费的渠道成员间交易的链条。研究流通渠道组织就是为了解决商流在生产者、批发商、零售商这种垂直的多环节结构中的组织化问题。

3.2.1　直接流通与间接流通

流通渠道可分为直接流通渠道（direct channel）和间接流通渠道（indirect channel）。生产者和消费者（或产业用户）直接进行商品买卖的渠道称为直接流通渠道；有商人介入的渠道称为间接流通渠道（图 3-2）。

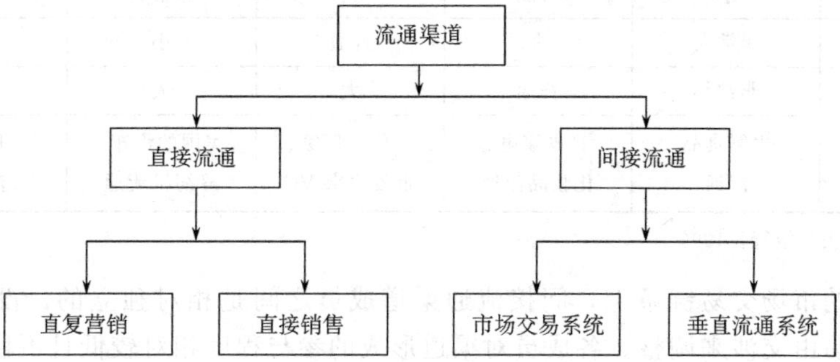

图 3-2　流通渠道的类型

资料来源：矢作敏行，1996

直接流通渠道可根据是否有人来销售，分为直复营销和直接销售。狭义的直复营销（direct marketing）是利用信息媒体进行直接销售的方式，是通过商品目录、报纸、杂志、电视、网络等大众媒体来提供商品信息，或者通过电话和邮局接受买者订货的邮寄销售，以及电视销售来实现销售的方式。除了生产者，商业者也逐渐开始采用直复营销的形式了。

直接销售（direct selling）是由自己公司或第三方向消费者（使用者）销售。直销的典型方式是访问销售。

间接流通渠道（表 3-1）的概念符合交易关系变化范围理论。构建流通渠道的目的，在于节约交易费用，给不稳定的市场交易关系赋予组织交易的性质。也就是说，流通渠道所研究的是把市场交易以外的组织交易和持续交易作为焦点。与市场交易系统（conventional marketing channel）相对应，组织交易（持续交易）关系在渠道研究中总称为垂直流通系统（vertical marketing systems，VMS）（Kotler and Keller，2012）。垂直流通系统的成员被编成科层组织，由上级来调整组织成员，垂直流通系统是从对渠道成员控制和管理的角度出发的概念。

表 3-1　间接流通渠道系统的类型与特征

项目	传统的市场交易	垂直流通系统			
		管理型	契约型		企业型
			VC	FC	
共同目标	无	限定的 非正式的	限定的 非正式的	总括的 正式的	全面的 正式的
调整方式	交涉	计划	契约	契约	方针

续表

项目	传统的市场交易	垂直流通系统			
		管理型	契约型		企业型
			VC	FC	
渠道影响	不安定	最小限	普通	非常大	非常大
规模利益	小	可能	大	非常大	非常大
弹性	非常大	大	普通	小	非常小
投入资本	非常小	普通	大	大	非常大
典型例	生鲜食品流通	日本家电、化妆品流通	零售，厂家、批发主宰 VC	美国的汽车、缝纫机流通	日本一部分汽车经销商

资料来源：矢作敏行，1996

在传统的市场交易链条上，间接流通渠道成员之间是相对独立的，没有共同的目标，每次交易由交涉来调整。各成员对渠道形成的参与程度相对较低且不稳定，而且流通活动的单位批量不大，没有规模利益，但对环境变化有较强的适应力，与交易相关的投资也很少。

销售生鲜食品的中心批发市场，是最近似于市场交易的具体市场。与此相对应的垂直流通系统，根据成员间组织的紧密程度可分为以下三种类型。

1. 企业型系统

企业型系统（Corporate VMS）指生产和流通阶段由单一资本以组织交易形式进行统一经营。渠道成员像单一组织一样，具有共同目标，根据权限和方针调整交易，这种模式流通活动的单位量大，但由于交易关系是固定的，对环境变化的应对能力差，投入资本也较大。像汽车、设计师品牌的服装、寝具等的流通，一般为生产-批发、批发-零售各环节的资本一体化，由单一资本的企业系统运营。

2. 契约型系统

契约型系统（Contractual VMS）指渠道成员保持独立状态结成契约关系，并依此设定共同目标调整关系。根据不同契约形态，一般分为特许连锁（franchise chain，FC）和自由连锁（voluntary chain，VC）两种方式。这一系统不仅限于有形商品的销售，服务业也经常采用。

特许连锁是由总部提供商品和经营技术，加盟店提供资本和劳动力，结成一对一的契约关系。这种渠道的特点是纵向的组织间关系较强，容易控制，内部组织的色彩较强。特许连锁有两种，一种是以提供商品和商标为主的加盟（如饮料中的可口可乐罐装企业）；另一种是除商品外还提供经营技术和业务指导的经营模式加盟（如快餐店）。

自由连锁是中小零售商为了与超市等大型零售企业对抗，而自发组成的共同进货、促销、培训、调研等的组织。自由连锁组织为强化中小零售商的横向联合而设定大致的共同目标，但与特许连锁相比，目标具有较大的局限性，总部的控制力也较弱。但它接近于市场交易关系，其组织交易具有弹性。按不同的组织控制者可分为零售控制、批发控制和厂家控制等类型。

3. 管理型系统

管理型系统（Administered VMS）指根据高层制订的市场营销计划管理市场交易关系，在各种垂直流通系统中最接近市场交易，共同目标也是有限的，非正式性较强。交易关系的调整根据市场营销计划进行，具有投入资本较少，应对环境变化较有弹性等优点。例如，家电、化妆品、医药品、食品和杂货等许多商品的批发——零售阶段都是以管理型系统为中心运营的。

流通渠道每个阶段都由不同的垂直流通系统和市场交易关系组合而成。在流通渠道中，成员中最具影响力者，叫作渠道领导者。在垂直流通系统中，组织系统的主导者成为渠道领导者。

单一企业可以同时采用不同的两种渠道，构成二重流通渠道，还有些会采用多种渠道组合形成的复合流通渠道（multichannel marketing system）。例如，在个人电脑市场中，业务用电脑采取直接流通渠道，个人用电脑采取间接流通渠道，从而形成了二重流通渠道。

3.2.2 流通系列化的尺度

在垂直流通系统中，流通成员通过特定的流通渠道来实现商品的转移。厂家组织的销售渠道是最典型的垂直流通系统，因为厂家为了有利于自己产品的销售，对流通业者控制、管理的动机最强。这时厂家的渠道战略，一方面尊重独立资本流通业者的自立性，与其结成交易关系；另一方面又想把流通业者纳入自己的流通系列，控制其行为从而实现自己的目的，于是形成一个矛盾。

通过多环节的流通过程，全面依赖市场交易关系的战略，存在很大的不确定性。相反，依赖资本结合的组织交易关系的战略，风险又太大。因此，市场交易是利用独立流通业者的所有权能力负担风险，而组织交易是构筑销售自家产品的合作关系，是“持续交易”战略，很多厂家都选择这种渠道。

流通系列化（keiretsu）也叫厂家控制的垂直营销系统，是指生产者在销售自己的产品过程中，为了确保销售者的合作及在销售中实现自己的政策而控制销售者并对其进行组织化的一系列行为。通常，大型生产厂家利用原有的中小商业机构，以及代理店、专卖店或专卖柜台的形式，专门销售自己的产品。也就是生产企业介入商业企业的销售活动，组织和控制销售渠道，从而维持厂家价格。生产者通过这一系列行为，把自己商品传递给最终消费者的过程作为一个系统来构筑，就叫作流通系列化。

大型家电专业店出现以前的日本家电产业和汽车产业，可以说是比较典型的系列组织，但仅仅是接近这一极限的状态，还不是流通系列化。流通系列化有不同的程度。那么，所谓的程度是以什么样的标准来考虑的呢？

第一，限定作为交易对象的分销商人数。制造商对分销商不作任何限定，与尽可能多的分销商进行交易时，叫作开放式流通（intensive distribution）。这时在市场上商品实际露出机会最大。如果只考虑露出机会，当然越多越好，但由于信用状态和交易数量的问题，制造商也许会限定交易者的资格和数量，这时叫作选择式或限定式流通（selective distribution）。产品在一定的地域内只通过一个特定的分销商进行销售的状态叫作排他式流通（exclusive distribution）。制造商把一定的地域作为市场指定给分销商，叫作单一地域限定制流通。

第二，限制分销商的中立性。如果没有在制造商处订货，分销商就会受各品牌的吸引，独自决定经营的商品组合，这时分销商就会具有较强的中立性。而制造商要想吸引其经营自己的品牌，就必须限定其中立性。首先要求其在一定期间内达到一定的销售额，进而要求自己的品牌在同类产品中达到一定的比重，最理想的状态是商人100%销售自己的商品。这种分销商在同类产品中只经营单一品牌的状态叫作专属性流通。这与流通系列化的目的本身相关，是最重要的一环。上面的排他式流通的导入，也是为了形成专属性流通。

第三，对分销商各环节间交易关系的制约。现在把分销商分为批发商和零售商两个环节，制造商与零售商没有直接的交易关系，却想利用该零售商的影响力，为此，制造商必须尽量对分销商施加影响。如果他们能自由地进行交易，经营该制造商产品的所有批发商和零售商就会交错结成交易关系。在这种状态下，几乎无望对销售商施加影响，至少无法知道要经过哪个批发商才能达到各零售商。所以制造商要求零售商只能与指定的一家批发商进行交易，只承认与这家批发商的交易，这叫作交易对象限定制。交易对象限定制，从批发商的角度来说就是不与正在和其他批发商进行交易的零售商进行交易；从零售商的角度来说，则只能与一个批发商进行交易。交易对象限定制对于厂家来说有许多好处，能使流通领域隶属关系正常化，但也会阻碍公平竞争，如限制批发商之间对零售的推销竞争。另外，厂家对批发价和零售价加以直接约束，有利于维持转售价格。

第四，向多种产品扩张。制造商一般都生产多种产品，各种产品对分销商的吸引效果必然不同，而最需要推销的是吸引效果弱的产品。因此，制造商把容易得到支持的、吸引效果强的产品作为杠杆，支持吸引效果较弱产品的销售。其典型的例子就是搭配销售。强产品等附加约束条件产品的交易，要以弱产品等非附加约束条件产品的交易为条件。这个权限是把附加条件产品划为强产品群，把非附加条件产品划为其他产品群，以谋求所有产品被的经营，这叫作全商品经营强制。

即使在前三个方面对流通渠道进行系列化，但只要销售渠道可以共有，就可以销售多种产品。把更广泛的商品群进一步形成专属性流通时，就形成了完全系列化。这时，该分销商经营的商品都是某特定制造商的产品，完全丧失了中立性。从这个意义上说，完全系列化是流通系列化的最高形态。

3.2.3 完全系列化的形成条件

用以上尺度可以测出流通系列化的程度，流通系列化程度最高的状态称为完全系列化。然而，为什么采用完全系列化的企业和产业很少呢？制造商的经营方针、销售努力及产品的吸引效果等问题都会影响流通系列化的程度。但为了寻找更深层的结构性的原因，我们来考虑达到极限状态的完全系列化所需要的条件。

各种产品都受消费者购买行为的制约，在零售阶段分别都有一定的市场空间。概括地说便利品（日用小百货）的市场狭小，选购品（服装家具）的市场宽阔。在某市场空间，用产品销售额除以平均周转数便可求得产品以商品形态滞留的量。把该制造商所有产品的滞留总量，叫作流通渠道存货。流通渠道存货可以看作在一定市场空间该制造商的产品标准流通库存总量。

$$经常以商品形态滞留的量=\frac{对零售商的销售额}{平均周转数}$$

下面我们来把流通渠道存货与分销商的商品经营资本作一比较（这里暂不考虑商业信用）。当两者极接近时，如果制造商能吸引分销商经营他们所有的产品，分销商便节省了寻求其他产品所需的这部分资本，这时就达到了完全系列化。当流通渠道存货大于商品经营资本时，制造商就会增加分销商数量；或者把流通渠道存货按不同产品分开，使其可以与商品经营资本相适应，汽车产业是后者的典型。相反，当流通渠道存货小时，商人要经营该制造商的所有产品就不需要太多的资本，所以就有可能购入其他制造商的产品。

当然，各分销商商品经营资本的大小不同。所以，对于制造商来说，是否能找到与自己公司流通渠道存货相近或相对弱小的分销商是问题的关键，这是完全系列化的必要条件。如果再把分销商是否具有充足的吸引消费者的备货、参加完全系列化的分销商收益是否减少等因素考虑进去，便构成其充分条件。

不过，即使一度达到了完全系列化，还必须保持条件不变，才能使其长期持续下去。即随着产品线的变化，流通渠道存货扩大的速度与商人资本积累的速度必须大体一致。分销商的积累速度快了，就会脱离系列；相反流通渠道存货扩大的速度快了，制造商就需到系列之外去寻求销路。曾经作为典型事例的家电产业中系列化体制的动摇，其原因就是后者。

所以流通渠道存货与商品经营资本的相对大小，是完全系列化形成与维持的重要条件。即使达不到完全系列化，这一条件也会影响制造商与商人的交涉力，并不断对系列化的进展产生重要的影响。如果对特定交易对象依存程度太大，交涉则对对方有利而对自己不利。因为这样会使转换交易对象的成本增加。结果是不得不对这一特定交易对象提供的利益给予过高评价。不具交涉力的一方会越来越依赖于对方。流通系列化中大型消费品厂家与系列零售店的关系就是如此。

在流通系列化的交易关系中存在着一个悖论：厂家希望寻找有能力的流通业者，

为其提供有效的利益，使其努力扩大自己产品的销售。结果是流通业者的经营规模扩大，厂家对流通业者的销售依存度上升，从而丧失交涉力。为了回避这种状况，就必须重视交涉力弱、专心经营本公司产品并积极配合促销的中小型流通业者。然而，中小流通业者虽然对于厂家来说的确具有较强的同步性，但其竞争力较弱，对厂家扩大销售不利。结果是厂家虽然希望加强渠道交涉力来制约流通业者的行为，却招致销售受到制约，这便是“渠道交涉悖论”。所以，厂家的渠道管理战略面对的困难是：如何在流通业者的进货依存度高而厂家销售依存度低的交易结构中，使流通业者能够发挥其竞争力。

案例：“味之素”的“战略合作”

1. 个别对待大型零售企业

《日本经济新闻》1994年2月下旬在头版分两次连载了企划纪事“已行动的‘产销同盟’”。周初的头版头条大标题登载了“味之素和大荣共同开发低价食品，生产物流全面合作达成协议”的消息。

这是商业新闻最初大加报道的生产流通环节间的垂直战略合作（产销同盟）的案例。一时间在行业人士之间，“产销同盟”成了一个流行语。

“味之素”是日本代表性的综合食品厂家，设有调味品、油脂、加工食品、饮料乳制品及其他事业部门。这种知名企业也并非没有烦恼。除调味品部门以外，市场占有率都难以扩大。加上通货紧缩，物价下跌，厂家推荐价格（建议零售价格）制的崩溃。随着零售商业结构的变化，特约店，代理店制也发生了变化，回扣体系等交易条件改变、大型零售企业的PB商品（private brand 自有品牌）攻势强劲，使味之素所处的流通环境发生了巨大的变化。

战略合作的渠道战略定位是打破现状，适应零售商业向前几位集中的结构变化，同时扩大市场占有率。味之素与大荣在冷冻食品领域展开了战略合作。

冷冻食品在日本国内的市场规模1994年为7000多亿日元。加工食品因饮食业冷冻技术的进步和微波炉的普及，成为发展较快的商品类别。市场分为家庭用和业务用两种。最大的厂家日冷（Nichirei）在饮食业业务领域中具有压倒优势，与其他公司拉开了距离。味之素处于与日本水产和加卜吉公司竞争的第二或第三位上。在该公司的产品线中，除了主力产品调味品外，都必须彻底采取调整措施。

与大荣合作的有泰国等29处海外生产工厂，生产的鸡肉、虾等菜肴用冷冻食品，供给大荣集团的约1万家店（包括饮食店）。以大量订货方式，尽可能地追求规模经济效益，同时开发独自的高品质、低价格商品，是两个公司的共同愿望。

1994年11月，大荣开始在全部店中销售冷冻烤鸡串。流程是在泰国把鸡肉和葱穿成串，冷冻后进口，然后在店内烧烤后销售。从前烤鸡串也曾在国内用过冷冻原料，但因多次加工，影响了口味。这次合作商品按味之素的说明，冷冻处理只需一次完成，保证了口味。

与此同时，味之素还与大荣的竞争对手伊藤洋华堂集团的7-Eleven日本公司合作，进行面包现烤现卖事业，开始开拓在便利店排第三位的商品——面包的市场。采取的战略是以供应现烤现卖高鲜度的面包为目的，确立独自的生产流通体制。味之素设置了7-Eleven专用的冷冻面包坯工厂，通过子公司供应各地的烤制工厂。

在市场竞争稍稍落后的冷冻食品领域，与两大零售企业集团同时进行合作，味之素的战略是竭尽全力的。零售市场在稳步向前几位集中，与前几位的连锁企业加强交易是十分重要的。20世纪90年代，在规制缓和、日元升值的背景下，前几位的连锁店开始展开高品质、低价格商品的开发竞争，各企业都努力采购其他企业没有的差别化商品。

味之素战略合作所看到的具体目标，正是满足个别大连锁企业，从而扩大交易。但是如何个别对应处于激烈竞争关系的大连锁企业，绝不是轻松的问题。

2. 市场特色销售战略

在零售商业结构的变化中，有销售力的零售连锁店，在哪里都容易建立良好的关系。但是要求食品NB（national brand）厂家满足每个门市店不同的要求，这对于食品NB厂家来说是与其原有战略相矛盾的。一步走错，就会陷入八方应酬的境地，这种战略会使大顾客被其他厂家夺走。另外，以全方位为原则的NB厂家，为特定零售企业生产PB（private brand）商品是禁忌。

解决矛盾的关键是特色市场销售（细分化）的方法。味之素为了实现提高冷冻食品市场占有率的目标，开发进口型冷冻食品与大荣联手，而不与伊藤洋华堂联手。业务用冷冻面包坯却与伊藤洋华堂的7-Eleven合作，而不与这一领域的大荣集团合作。

虽然大荣和伊藤洋华堂两大零售企业集团是激烈的竞争对手，但味之素进行了零售业态和商品两个市场特色销售，使两个合作都获成功。它很好地运用了作为战略合作构成要素的“目标限定化”。在为特定零售企业生产商品的同时，根据市场特色销售，尽力回避了具有竞争关系的两个交易对象零售企业利益冲突的危险。

味之素战略合作路线的前期准备是向7-Eleven供应盒饭、家常菜等商品。与7-Eleven进行交易的米饭商品及家常菜的供货商是1979年设立的日本Derica食品协会，多年共同进行商品开发、配送、食品材料采购等。味之素从1988年开始成为日本生活协同组合联合会的成员。和那些回避为特定连锁店生产专用商品的NB厂家相比，味之素可以说是个特例。

这其中有两个理由：一个是迅速发展起来的便利店渠道，盒饭、家常菜等味之素不经营的商品群很多，为了扩大交易，有必要进入新的领域；另一个是，由于加盟了协同组合，在那里有可能深陷于食品材料的共同采购事业之中。

味之素在家常菜领域，并不仅仅个别对应7-Eleven，还针对日衣超市设立了其他公司，供应冷冻食品的家常菜。

味之素灵活运用过去的经验，使市场特色销售取得一个接一个的成功。其结果是与大荣和7-Eleven的交易结构具有NB和PB、家庭用和业务用等多层次的明显特征。交易的多层次化，意味着利害调整手段的多样化和交易关系稳定化。

为了适应与强大连锁店的战略合作和交易多层次化的新情况，味之素1994年设置了广域营业总部。对于超市前五位公司、便利店前四位公司、全农、日本生活协同组合联合会、中坚超市的自由连锁、CGC日本等数十家大顾客，同时销售家庭用食品、家常菜和饮食业业务用食品，由广域营业总部向各连锁店派专职负责人，加强了独自商品开发等个别应对的能力（图3-3）。

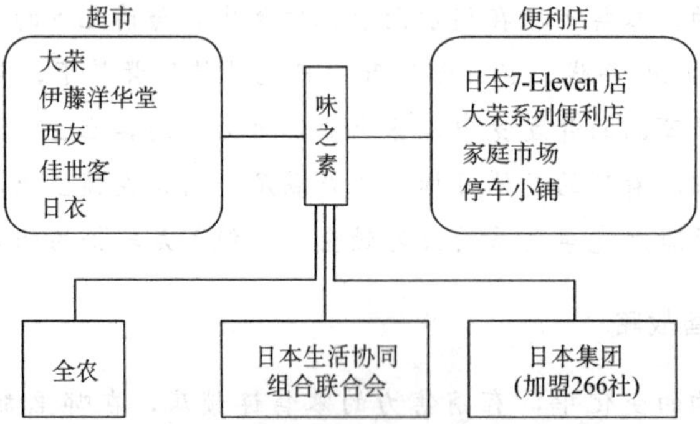

图3-3 味之素公司营业总部的交易对象

资料来源：矢作敏行，1996

思考题

1. 假如你是批发商，有实力的零售商要求设置专用配送中心的话，在怎样的交易状况和条件下可以接受？

2. 试用交易费用理论解释大型企业间战略合作的互利性。

3. 封闭的交易关系是如何形成的？

4. 你从味之素公司的案例中得到哪些启发？

5. 味之素公司与大荣及7-Eleven的交易对厉害关系调整有何效果？

参考文献

木地節郎，吉田裕之．1988．現代流通の課題．京都：啓文社．34-40

石原武政，池尾恭一，佐藤善信．2000．商業学，东京：有斐閣

石原武政，加藤司．2004．商品流通．吴小丁，王丽译．北京：中国人民大学出版社．98-102

矢作敏行．1996．現代流通 理論とケースで学ぶ．东京：有斐閣．第3章

田村正纪．2007．流通原理．吴小丁，王丽译．北京：机械工业出版社：14-15，26-35

Bucklin L P. 1966. A Theory of Distribution Channel Structure. IBER University of California

Kotler P，Keller. 2012. 营销管理．王永贵，等译．上海：格致出版社：412-413

词汇列表

交易 transaction
交易费用理论 transaction cost theory
交易费用 transaction cost
搜寻费用 search cost
交涉费用 contact cost
监督费用 enforcement cost
道德风险 moral hazard
市场交易 market transaction
反复交易 repeated transaction/exchange
长期交易 long-term transaction
伙伴关系 partnership
战略合作 strategic cooperation
组织交易 organizing exchange
交易特殊性投资 specific investments transaction-specific investments
电子订货系统 electronic ordering system，EOS
电子数据交换 electronic data interchange，EDI
直接流通渠道 direct channel
间接流通渠道 indirect channel
直复营销 direct marketing
直接销售 direct selling
市场交易系统 conventional marketing channel
垂直流通系统 vertical marketing systems，VMS
企业型系统 Corporate VMS
契约型系统 Contractual VMS
特许连锁 franchise chain，FC
自由连锁 voluntary chain，VC
管理型系统 Administered VMS
复合流通渠道 multichannel marketing system
流通系列化 keiretsu
开放式流通 intensive distribution
选择式或限定式流通 selective distribution
排他式流通 exclusive distribution
自有品牌商品（PB 商品）private brand
制造商品牌商品（NB 商品）national brand

第四章　流通中的物流与信息流

本章教学目的

了解商品流通中物流和信息流的形成和运行；掌握商业物流和信息流的概念和分析方法；理解物流和信息流管理不仅仅是为了降低成本，而且是实现竞争策略的手段；理解物流和信息流的变化对商品流通带来的重要影响。

伴随商流而产生的另外两项重要内容分别是物流与信息流。这两者都是商品流通的重要影响因素。随着物流管理与信息技术的发展，商品流通的内容与形式也发生了许多显著变化。

所谓物流，就是物品从生产地点到消费或使用地点的移动，以及与其相关的经营活动。如果说上一章的“商流”考察的是商品价值的流动，那么这一章的“物流”便是考察商品使用价值的移动，即商品实体的物理移动。

管理大师彼德·德鲁克（Drucker，1989）对信息的定义是“信息就是给数据加上目的和意义”。而信息流是指从信息出发到被接收所组成的运动形态。在商品流通过程中，商品的供给、需求、价格和流通政策等在经营者之间相互传递，就组成了源源不断的商品流通信息流。

本章就从讨论物流和信息流的概念开始，了解物流和信息流的形成、传递过程，掌握物流和信息流发展变化对商品流通产生的重要影响。

4.1　流通中的物流

4.1.1　物流的形成

社会分工的结果是生产力的提高。这使得一些地域的一些家族有了剩余产品。但出现剩余产品并不一定就会形成商流。如果与所有权转移相对应的物的移动不能顺畅进行，即使交易成立也没有意义。这就必然引出物流的概念。

生产者作为卖者所负担的费用，包括生产成本、交易费用，以及库存和运输所需的物流费用。某地域或某生产者即使能比其他地域或生产者以更低的成本生产出相同质量的商品，但如果没有物流，交换也不能成立。如果不能消除空间的分离，人们就只能过水准相对较低的自给自足的生活。

也就是说，物流费用是决定市场交易能否成立和交易范围的关键。市场交易在地域间的生产成本和交易费用的差异足以填补物品移动所需费用时才会成立，所以两地间的交易量在生产成本等条件不变时，主要取决于物流费用的水平。运输的效率越高、保管技术越发达、市场交易跨越的地域越大，社会分工也就越深化。

4.1.2　物流的概念

我国的“物流”一词是从日文资料引进来的外来词，源于日文资料中对 logistics 一词的翻译“物の流”。

我国于 2001 发布的《物流术语》中给物流的定义是：物品从供应地到接收地的实体流动过程，根据实际需要，将运输、储存、装卸、搬运、包装、流通加工、配送、信息处理等基本功能实施有机结合。

日本给物流的定义是：物流是指为了满足客户的需要，以最低的成本，通过运输、保管、配送等方式，实现原材料、半成品、成品及相关信息由商品的产地到商品的消费地所进行的计划、实施和管理的全过程。日通综合研究所编的《物流手册》给出的定义更强调物流创造价值，提出“物流是物资从供给者到需求者的物理移动，是创造时间价值和场所价值的经济活动，包括包装、装卸、仓储、库存管理、流通加工、输送、配送等活动领域”。

英国物流和市场计划委员会的国际客座教授约翰·盖特纳的定义是：“物流是通过市场机制和销售渠道战略性地管理物资（原材料、零部件、产成品）采购、运输和储存及与之有关的信息流，以提高企业成本效益，从而使当前或未来的利润最大化的过程。”这一定义从市场营销角度提出，强调物流的目标是提高企业成本效益，使利润最大化。科特勒也从企业市场营销角度出发，提出了强调满足顾客需要的定义：“物流是指计划、执行与控制原材料和最终产品从产地到使用地点的实际流程，并在盈利的基础上满足顾客的需要。”从 20 世纪 60 年代开始，美国逐渐改称“后勤”(logistics)。目前国际普遍接受的物流定义是：物流是为满足客户需要，对商品、服务及相关信息在源头与消费点之间的高效（高效率、高效益）正向及反向流动与储存进行的计划、实施与控制的过程。

从以上物流的概念可以看出欧美与日本对“物流”内涵及外延理解的不同。欧美学者的物流概念所概括的范围几乎都是企业物流，或者说是微观物流。无论是市场营销学中的实物分销，还是后勤学都是从企业的角度去研究物流。日本学者的物流概念则偏重于国民经济中的物流，即宏观物流。但其内容也包含企业物流的分析。在我国，这两种倾向都存在。

而流通论中的物流主要是指伴随商流而发生的物的移动，是商品本身从生产部门向消费部门的移动（田村正纪，2007)。物流技术的变革，会促使流通系统发生新的变化。

4.1.3　物流服务水平

物流系统的建立是从决定物流服务水平开始的，正像流通系统整体一样，物流系统的目标也是以最小成本提供顾客需要的物流服务。

对顾客的物流服务由以下几部分构成：交易成立前的信息提供；交易本身附带的最低库存量水平、交货时间的指定、运输和安全性；交易成立后的安装、索赔处理等。

首先，卖者必须战略性地预见到收入是如何随着服务的增加而变动的。如果追加性地增加物流服务，收入便会不断上升。但是，卖者为了提供追加性物流服务，就要对配送网点和库存进行投资。随着物流服务水平的提高，物流费用急剧上升，而收入却不能同步增长，出现收益递减状态。因此，收入曲线和费用曲线相差最大值处是企业的最佳物流服务水平（图 4-1）。不过，不同的卖者对物流服务水平的偏好是不同的。

下面从交货周期与最低库存量两个维度来说明由买者偏好来决定物流服务水平的模型（图 4-2）。在该模型中，供货周期短并且没有库存缺货代表高顾客服务水平，供货周期长并且出现库存缺货代表低顾客服务水平。

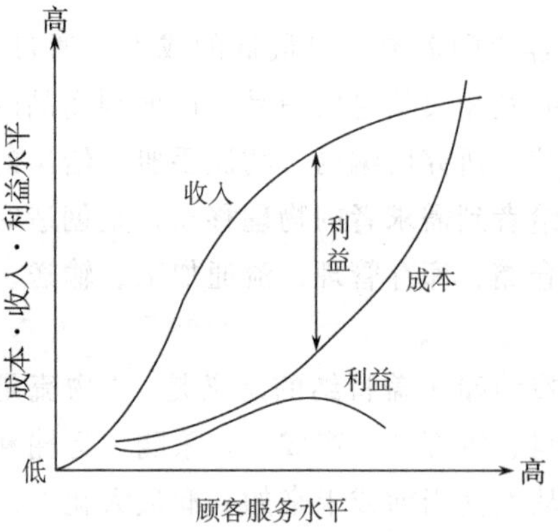

图 4-1　顾客服务与利益关系

资料来源：矢作敏行，1996

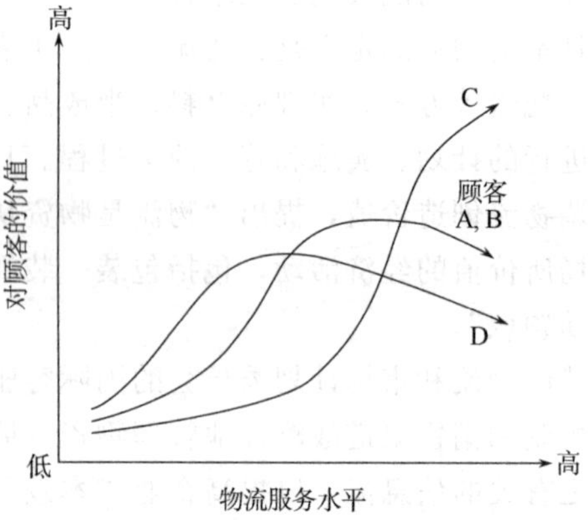

图 4-2　顾客的物流服务偏好分布

资料来源：矢作敏行，1996

极度重视商品构成的顾客 A，非常讨厌所定商品库存不足和替代品。如果所定商品只供给必要的量，那么交货周期稍有延长也没关系。相反，顾客 B 为了谋求经营管理的合理化，虽然很在意自己的库存压缩和脱销，但对用替代品付货也采取较为宽容的态度。而顾客 C 是后发企业，它意识到与先发企业的不同待遇，十分强调短交货期和消灭库存不足。而情况完全相反的顾客 D，由于在竞争不太激烈的市场经营，对服务内容并不太关心，满足于标准的交货周期和最低库存量。

对物流服务的要求，C 最高，D 最低，A 与 B 居中，几乎是同一水平。如果卖者把物流服务水平向短交货周期、防止库存不足的方向拉动，最初阶段 D 会获取最大满足，而 C 处于最大不满足状态。

如果进一步提高服务水平，D 的满足程度不会进一步提高，A 和 B 的满足程度提高，C 的要求也一点点得到满足。服务水平如果不断提高，D 及 A、B 的满足程度不但不再提高，反而因费用负担增大而变为不满足状态。而 C 会最终承认服务的价值，由不满足变为满足的状态。

最终顾客的满足程度反过来影响卖者的收入。为不同买者提供不同的物流服务水平，建立有弹性的物流系统，成为卖者的课题。近年来，买者要求的服务水平，因种种理由而不断提高。在图 4-3 中，提出管理的顾客服务成果、总成本最小化、压缩库存、物流波动平均化、品质的信赖性等五个后勤管理目标，便是其中一例。

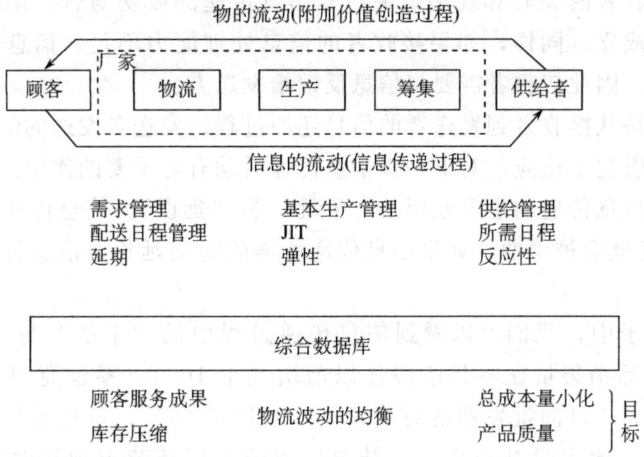

图 4-3　后勤管理概念图

资料来源：矢作敏行，1996

那么，一旦确定了顾客期望的物流服务水平，增加订货处理、物流网点、库存管理、运输方法等各主要业务便成为讨论的课题。

与流通整体一样，要发生成本权衡关系（trade-off）。企业的目标是运输费用和库存费用合计的总成本最小化。对于企业内物流系统来说，总成本最小化是最佳状态，但如果把总成本方法应用于买者和卖者的企业间物流，有时便会得到不同的结果。供货商如果按自己的总成本最小化状态决定仓库数和运输手段，就有可能使顾客负担的流通费用上升，从而改变原有的决定。也就是说，对于买卖双方来说的整体最佳状态，并不总是与某一方的总成本最小化相一致。使买卖双方成本最小的总系统成本方法（total cost concept）才是社会所希望的。

4.2　流通中的信息流

4.2.1　信息传递中的“干扰”与“延误”

信息传递的传统模式如图 4-4 所示，发送者的信誉和接收者对发送者的归属意识，是决定传递有效性的两大要素。

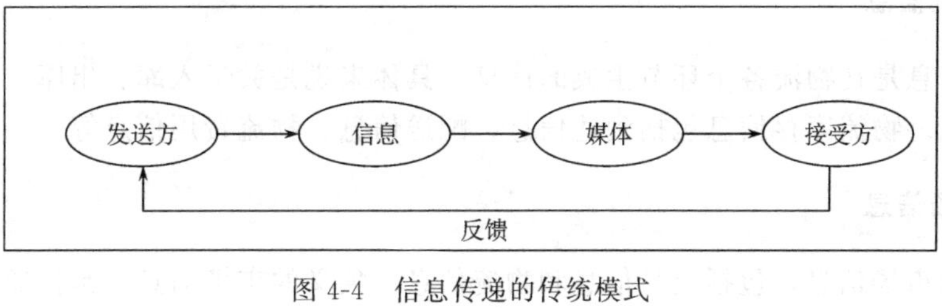

图 4-4　信息传递的传统模式

资料来源：矢作敏行，1996

媒体是进行信息传递的手段。信息从发送方到达接收方后，信息传递首先在接收者处告一段落。接收者的关心和理解，关系着信息传递的成功与否。接收者如果充耳不闻，交流就不能成立。同样，如果接收者的信息处理能力不足，信息内容就会发生变化，甚至被扭曲，因此接收者需要将信息反馈给发送方。

信息的反馈是从接收者到发送者的信息还原过程。发送者发送的信息，怎样到达接收者，以及是否引起了反应，对下一步信息传递活动有着重要的作用。

阻碍和中断信息传递的主要原因是“干扰”和“延误”。信息传递过程中如果加入了“干扰”，信息就会被歪曲。如果信息传递所需的时间延长，信息传递自身的意义与有效性就会丧失。

从下面的例子中，我们可以看到信息传递过程中的“干扰”与“延误”。某年1月，某厂家的产品销售量在零售阶段比以前增加了10%。零售商因销售量不断增加而担心库存断货，3月向批发商的订货量平均增加了16%。各地零售商订货的猛增使批发商大为吃惊，便大量补充库存。结果厂家的工厂环节出现暂时库存不足。厂家为了补充到6月的库存，把生产量一下扩大了40%。可是，零售阶段的销售维持在与1月相同的水平上。由于大幅度增产，到了夏季，出现了明显的库存过剩。于是，生产马上由增产变为减产，生产开工水平和流通库存水平调整为减少10%，到年末才达到供求平衡。

福瑞斯特（Jay W. Forrester）指出，因为缓冲库存存在于各个环节，所以形成重叠，如果各环节间的信息稍有不畅，就会发生意想不到的物流波动。由此可见，迅速准确的市场信息传递和反馈具有促进生产和消费之间供求结合的功能。

4.2.2 流通信息的种类与特征

流通信息按其相对应的流通功能可分为交易信息、物流信息、市场信息三大类。

1. 交易信息

交易信息也叫作商流信息，它是伴随着买卖双方的交易活动产生的，如商品信息、价格信息、合同信息及辅助交易活动中不可缺少的金融信息（信贷、资金、付现结算等信息）、促销信息等。零售阶段的交易信息包括收款机和POS（point of sales，销售时点信息管理系统）机积累的信息，生产者和流通业者之间的交发货信息及货款支付信息等。

2. 物流信息

物流信息是在物流各个环节生成的信息。具体来说是关于入库、出库、库存、运输状况的信息。物流库存信息包括到达信息、配送信息、物流费用信息等。

3. 市场信息

广义的市场信息，包括交易信息和物流信息。狭义的市场信息，是指通过调查收集而得到的关于市场状况的信息。也就是说，只限定为调查机构收集整理的信息，包括供求变动信息、消费者行为信息、竞争对手和竞争商品信息、市场管理信息等。

这种狭义的市场信息与具体的流通活动并无直接联系，与交易信息和物流信息有着不同的特点。

（1）交易信息和物流信息具有大量且自然发生的特点。例如，POS机的销售数据、订发货数据、库存数据是随着每天的流通活动而大量发生的。具有上千家店的便利店，用的POS数据和文件数要以亿计算，庞大的数据作为收款业务的副产品而发生。而市场信息是需要经过调查得到的，数量少得多。

（2）交易、物流信息的更新速度快。流通活动每天产生的新信息在随时更新着旧的信息。信息更新的速度以日或周为单位进行。而市场信息是比较长的一段时间的趋势性信息，收集、分析需要时间和费用，更新速度要慢得多。

（3）交易、物流信息的收集、处理、传递是在网络结构中进行的。零售店铺、厂家和批发商的营业所等信息源是大量的、分散的，而零售连锁总部、批发和厂家营业所是集中收集并分析这些信息的。

（4）销售信息、订发货信息和库存信息是把流通活动量化所得到的信息。而市场信息，如消费者需求信息，具有概括和描述的性质。消费者需求信息通常必须通过调查收集数据而得到，所以信息量小，更新速度慢，且需要时间成本。另外，竞争信息是关于竞争对手行为、竞争商品动向的信息，并不像销售业绩和订发货及库存信息那样具有自然发生性，更新速度较慢。

多数流通信息是双向的。正如信息传递的传统模式所显示的那样，信息传递具有反馈的功能。另外，信息不会因给予别人而消失，具有非消费性、可复制和可共享等特点。因此，在买卖双方间，很容易进行信息的反复传递。像广告等促销信息那样，即使是卖者向买者单项传递的信息，也可通过广告效果测定，把买者的评价反馈给卖者。

4.2.3　信息处理、传递系统的结构

下面从信息交换的人际关系来说明流通信息处理、传递系统的结构（图4-5）。

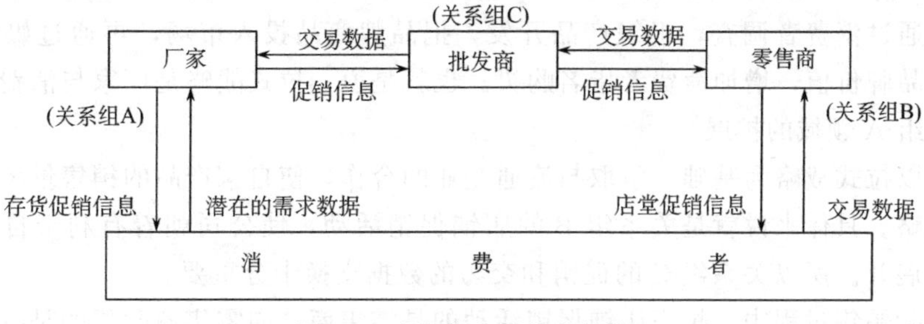

图4-5　市场信息系统的结构

资料来源：矢作敏行，1996

消费品流通的信息处理和传递系统的结构从三个信息交换关系组来说明。各关系组之间具有相互依赖、相互补充的关系，其联系的方式决定着流通信息系统的结构。

第一，在关系组A中，厂家与消费者直接见面，交换流通信息。该关系组中所包括的信息主要有两种：一种是厂家为了产品开发和促销而进行的消费者需求调查和市场调查产生的消费者到厂家的信息流，叫作消费者需求数据；另一种是利用室外广告和邮寄广告等媒体广告产生的促销信息，叫作媒体促销信息，还包括交流活动中的各种广告宣传。

第二，在关系组B中，零售商和消费者交换销售信息，其中也包括两种信息。一种是店铺促销信息，是以零售店铺为中心向消费者传递商品属性的信息。店铺促销信息的提供形式是多种多样的，如卖场的库存、商品样本和印刷广告的分发、顾客接待、店内广告等；另一种是交易信息，零售商与消费者的交易一旦成立，交易数据便从消费者流向零售商，交易数据除了POS数据，销售额日报外，还包括店内库存数据。

各关系组内流通信息的特点是大不相同的。A组是收集消费者潜在需求的数据，而B组是收集消费者显在需求的交易数据。前者预测的是未来信息，由于需要调整，信息处理和更新时间较长。而后者是销售结果的反馈信息。POS数据是作为日常收款业务的副产品而发生的。另外，从促销活动来看，两者的侧重不同，A组是产品，而B组则是店铺。

第三，关系组C表明在消费品流通过程中，厂家与流通业者具有多环节的倾向。从厂家流向零售商的是广域范围的专业促销信息。具有代表性的有比媒体促销信息更详细的产品信息、销售额和收益预测、小册子等促销资料。相反，从零售商到厂家传递的是交易数据。

C组的成员各自持有不同性质的信息，形成相互依赖、相互补充的关系。厂家持有的是关于产品属性和媒体促销的充分的专业信息。处于末端的零售商与消费者直接接触，掌握的是有关最终需求动向的详细交易信息。厂家和零售商所掌握的信息相互补充，合二为一，使得流通活动得以顺利进行。

处于中间位置的批发商，对于厂家来说，掌握着很多不同地域的不同零售店的交易信息。而对于零售商来说，掌握着很多厂家的促销信息和其他零售店的交易信息。

传统厂家的市场营销中，把三个信息交易关系组作为一个整体，提出拉式战略（pull strategy）和推式战略（push strategy）组合的方案。拉式（吸引）战略，就是消费品厂家通过消费者调查，组织产品开发，把品牌商品投入市场，再通过媒体促销活动，提高品牌价值，增加消费者指名购买。也就是说，拉式战略是厂家与消费者直接接触的关系组A领域的扩展。

厂家以拉式战略为基础，争取与流通企业的合作，使自家产品的销售量增加，这便是推式战略。具体来说就是关系组B的店铺促销活动，使公司朝着有利于自己产品销售的方向展开。所以关系组C的促销和交易的数据交换十分重要。

在实际销售过程中，担当店铺促销活动的是零售商，向零售商配货的是批发商。厂家向批发商提供回扣和促销材料，以保证对零售店的配货率和陈列比率。为了吸引零售店的合作，公司支付新产品导入回扣和促销费。有时也派营业部人员去零售店访问，以保证商品陈列在显眼的位置和保持适当的陈列量，以及有奖销售的彻底进行。

总之，流通信息的处理传递结构中，关系组A和组B因组C而结合。从厂家市场营销的角度来看，厂家能直接与消费者发生关系的，只有组 A。在这个意义上，品牌消费品的厂家市场营销战略，是以组 A 的拉式战略为基础的。但厂家并没有到此为止，以组合为根据，以组 C 为基础对流通业者实施推式战略，最终实现组 B 的店铺促销信息的强化和交易信息的迅速反馈，以确立自己的竞争地位。

4.3　不断变化的物流与信息流

前面分别讨论了流通中物流与信息流。然而，这里有两点需要说明。首先，物流与信息流都是不断发展变化的，这些变化会导致流通系统发生变化。其次，物流与信息流的变化并不是独立进行的，两者会相互影响。

4.3.1　对物流评价的变化

物流的主要活动集中于运输、库存管理、订单处理三个方面，同时又包括保管、装卸、包装（流通加工）、信息处理等各种支援活动。

物流活动所担负的职能是调整和联结生产阶段的采购与生产、生产与销售，流通阶段的进货与销售、销售与配送等各环节的活动。因此，生产阶段的企业内物流与生产部门的生产计划、工厂的选址、原材料配件的采购计划有着密不可分的关系。同时，也与销售部门的定价、包装、店铺选址、顾客服务水平紧密相关。

长期以来，物流部门的活动一直限定在运输、保管、包装、装卸等狭小的业务范围内。保管本身由物流部门担负，但库存管理是由生产、销售、会计等各部门管理，包装等流通加工主要由生产部门担当，而订单处理则由营业和信息系统部门负责。

然而，仅个别功能正常运转，而整个物流系统效率低下，企业的生存就会受到威胁。尤其是近年来，企业不再把物流仅仅作为削减成本的对策了，而是作为竞争策略上的一种手段。其理由是，随着产品生命周期缩短的趋势，库存风险增大，而多品种化又使库存费用上升。实际上，“当用 3 种新产品替换某 1 种旧产品时，在总体销售量不变的情况下，产品的流通库存量会增加 60%”。无论从库存等“显性成本”(explicit cost),还是从因库存断档而脱销，进而延误付货期而使顾客的不满增大等“隐性成本”(implicit cost) 来看，物流的战略意义都在提高。

4.3.2　高度一体化的后勤系统

下面将要讨论的高度一体化的后勤系统就是物流与信息流不断发展并相互影响的典型例子。高度一体化的后勤系统用于在企业内和企业间进行市场信息的反馈并消除信息的“干扰”与“延误”。

供应链（supply chain）是高度一体化的后勤系统。所谓高度一体化的后勤系统是指供应商、顾客、相关辅助机构共享必要的信息，通过调整生产、销售、配送、库存、信息处理等计划，以形成顺畅的物流管理系统。

以往的企业一般是按功能纵向分割的科层组织，采购、生产、物流、销售等活动相互分离，分别配备负责人。各部门负责人独自作预算，分别采取行动。但是，各部门预算的实现，对于企业整体来说，却不一定是最佳状态。

库存投资是最典型的。采购部门为了节约原材料和部件的采购费用，会进行大量的采购。同样，生产部门也追求生产的规模效益，希望少品种大批量生产。结果，物流或销售部门会因库存费用和库存风险上升而苦恼。虽然缓冲库存可调整企业内各部门间或企业间的活动，但各部门独立决策是缺乏效率的。

不仅如此，库存的一个致命缺陷是会成为部门间或企业间的障碍，使其难以看到顾客。被缓冲库存重重包围的流通过程，信息传递的滞后和歪曲会导致意想不到的物流波动，流通成员也会受其左右。如果在企业内部门间或企业间，频繁交换需求信息，对生产、销售、库存、配送等计划进行事前或事后的经常调整，就能消除部门间或企业间的障碍，抑制和吸收不确定性的缓冲库存。

作为调整部门间或企业间活动的手段，高度一体化后勤系统形成的缓冲库存，是最后的手段而非最初的手段。高度一体化后勤系统的基本目标就是尽可能降低库存，同时又能对市场变化作出迅速反应和决策。

在这个意义上，高度一体化后勤系统是在维持最低库存水平的同时又避免断货，以实现短交货周期的高水平物流服务。这种高度一体化的后勤系统，重视功能性整合。这正是与组织性的垂直一体化及系列组织的根本不同。

ECR（efficient consumer response，高效消费者反应系统）是高度一体化后勤系统的应用实例，直译为“有效的消费者反应”。20 世纪 90 年代初，美国食品厂家和食品流通行业都意识到建立从生产到消费的高效整体系统的必要性，组织进行了开发行业整体系统的项目，在食品厂家和超市间进行了反复试验。这一概念很快传入日本，掀起一场 ECR 热潮。

ECR 的新奇性不在于概念本身的独创性，而在于概念被精练为手段，具有便携式的特点。美国超市协会把 ECR 定义为“买者和卖者在充分满足消费者需求的共同目标下，结成协作关系，调整、整合下游到上游的需求数据和从上游到下游的库存两个流通量的后勤系统”。

ECR 是食品版的高度一体化后勤系统。图 4-6 是为了说明 ECR 的导入效果，而屡屡引用的计算结果。以加工食品为例，假设有厂家的仓库、中间配送中心和零售点三个环节。中间配送中心包括连锁零售企业的配送中心，批发商的配送中心和厂家自己的配送中心。如果导入 POS 数据的交换和以电子订货数据处理为中心的供给连锁，联结各环节的缓冲库存的周转天数便可由 104 天降为 61 天，改善率达到 40％。

ECR 在美国之所以受到广泛支持，就是因为它能节约流通费用，稳定交易关系和改善交易条件，使备货适当，为交易双方带来利益。

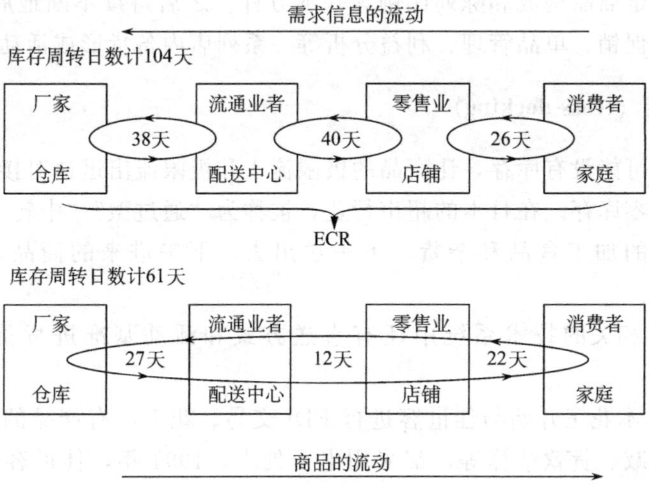

图 4-6 ECR 库存周转率的提高（以加工食品为例）

资料来源：矢作敏行，1996

4.3.3 几种信息系统的出现

ECR 的顺利运行，需要全新的信息系统的支持。下面介绍几种构成 ECR 的技术系统。

1. EDI

企业间实行通信顺序一致，事前进行商品目录交换调整，并且据此在各环节间，对订发货数据进行在线处理。EDI 交易实现了电子交易。这种作业的简化，正是 ECR 最初所强调的费用节约效果。

2. 自动补充库存（automatic replenishment）

供应商和零售商共享店铺内收集的 POS 数据。供应商根据最终销售情况，按照事前制定的库存管理目标，进行自动的、持续的库存补充。交易由交涉型变为例行程序，交易费用大幅度降低。

1989 年，美国最大的廉价超市沃尔玛（WAL-MART）与日用杂货厂家宝洁（P&G），就纸尿布商品的管理引进了自动库存补充系统。宝洁的项目成员常驻阿肯色州沃尔玛的配送中心，按照沃尔玛的销售、库存数据，制订工厂的生产、发货计划，进行由该中心向店铺的适当库存补充。

3. 品类管理（variety management）

零售业的商品管理不是以部门也不是以单品划分的，而是以商品品类为基本单位，以此来提高商品管理密度。首先设定适应消费者购买行为的商品品类，然后为各品类分别设负责人。品类负责人不断分析过去的销售、库存、利润等数据，寻找适合店铺情况的目标市场，决定商品构成和陈列比例等基本方针。之后持续不断地展开引进新产品、削减现有商品、促销、单品管理、利益分析等一系列店内备货形成活动。

4. 交叉对接（cross-docking）

物流网点尽可能没有库存，让商品的极限流入和极限流出迅速对接，以使中间流通环节减少库存或零库存。在日本的超市行业，被称为“通过型”“中转站”的配送中心，就是把上午进来的加工食品和杂货，下午送出去，下午进来的商品，第二天上午送出去。

此外，ECR 相关的技术系统中还有直送方式和活动基准进货价管理（activity-based costing）。

1993 年，日本花王开始与佳世客进行 EDI 交易。花王所有产品的订发货、新产品引进及旧产品削减、货款结算等，都采用电子处理。1994 年，佳世客开始向花王提供各店铺有关花王产品的 POS 数据，采用花王的自动库存补充系统。后来，花王又与其他有影响力的超市采用了同样的系统。

1994 年，食品批发商菱食开始与 9 家大食品厂家进行有关引进 ECR 的探讨，并决定在原有的零售店经营支援计划中灵活运用。

4.3.4 双平行系统的出现

前面分析流通信息处理传递结构时限定了“消费品厂家的品牌商品”这一条件。为了放宽条件，我们引进双平行系统这一概念，它包括两个方面。

一方面，连锁店到了单品销售量超过最佳生产量的阶段，为了竞争差别化和确保利益，便会组织开发 PB 商品。NB 厂家由于不愿意发生与自家产品的直接竞争，一般不为特定零售商生产 PB 商品。这样，在生产阶段处于竞争劣势的中小厂家，为了保证设备的开工率，便积极接受 PB 商品生产。结果，随着连锁店的发展，出现了以大型连锁店与中小厂家的交易关系为轴心的生产流通系统。

另一方面，NB 厂家倾向于和那些没有 PB 商品、忠实执行厂家价格政策和促销计划的中小连锁店和自由连锁店结成交易关系。结果是以 NB 厂家与中小零售商交易关系为轴心的传统生产流通系统存续下来。

从 NB 厂家组织的生产流通系统和销售 PB 商品的大型零售企业组织的生产流通系统共存，并存在着相互竞争关系的角度，双平行系统论说明了随着连锁商店的发展，市场结构也随之发生变化。

开发 PB 商品的连锁商店，可以自行开展店内促销活动，可以在数量众多的分店采取统一行动。例如，陈列位置和陈列量、店内广告和印刷广告、价格设定等都可自由进行，发挥出连锁店的优势。另外，为了开发商品，还可以利用店内信息和固定顾客资料，来收集消费者需求信息。也可以说，由于顾客层是特定的，所以更容易发现消费者需求。根据店内交易数据可以对库存和生产迅速作出调整。与传统中小零售商相比，连锁商店的信息处理能力更强。

用关系组来说，连锁商店的信息传递处理是以组 B 卓越的店内促销活动能力和交易数据收集能力为杠杆的。当然在这里，关系组 A 的厂家媒体促销信息就消失了。

在现代市场中，以关系组 A 为基础的 NB 厂家，和以关系组 B 为基础的大型零售企业，形成了依赖不同信息的系统，并相互对抗。

案例：松下电器的 MTM 运动

在生产流通阶段，随着零售市场结构的变化和信息技术的革新，信息处理传递系统会发生怎样的变化，“信息”又怎样存在于“库存”之中，让我们来看厂家主导型的松下电器产业的案例。

1. 经营体制的变化

松下电器产业从 1990 年 6 月开始，开展了全公司规模的 MTM（松下市场定位总体经营系统）运动。最早是从洗衣机和电视两个事业部开始的，到 1991 年公司 31 个商品事业部全都参加了进来。

该运动的基本目标有两个：①适应市场变化，建立一个能在必要的时间提供必要量的必要商品的有弹性的生产流通系统；②根据以信息物流系统为基础的生产销售一体化来压缩库存。

业务改革的对象包括销售公司经营在内的贯穿于生产全过程的业务。首先，从经营体制的改革来说明。在销售公司，零售环节的基本目标是建立“实际需求信息网络”。1990 年松下有系列零售店 25 000 家，销售公司把以地域为单位的加盟连锁店进行了重组和专业店化，同时还组织了共同促销等合作事业。另外为了与家电大量销售店对抗，引进了 POS 系统和 EOS 系统。利用信息技术，收集零售阶段的实际需求动向信息，这就是 MTM 运动的出发点。

为了正确把握实际需求动向，对销售公司的经营体制进行了改革。过去总部在各商品事业部把商品交到销售公司时统计各事业部的销售额。但这种方式看不到销售公司下一环节零售阶段的销售动向。后来改为把销售公司向零售店的销售作为事业部的销售额的方式，从而各事业部都有库存，并负有管理责任。

以前，各商品事业部为了调整库存，设有特别奖金，强行向销售公司销售商品。事业部利用销售公司，很容易地向流通阶段转移库存。被强行销售商品的销售公司，又使用奖金，向零售店强行销售商品。这种组织性的库存调整是有极限的，因此，库存压力不断增大，从而难以避免末端价格大幅度波动。完成了向零售店的实际销售，才算事业部的销售额，这样总部才能看清零售阶段的实际需求动向。

在库存管理方式上，引进了“定品定量制”的新规则。以销售公司为单位设订货点最小库存（3 日量）和最大库存水平（8 日量）。在这个范围，每个货号都由事业部补充库存，使商品的库存量永远维持在一定的水平。另外，为了使库存管理更容易，事业部与销售公司间的交货周期缩短在 48 小时以内，原来 143 处销售公司的物流网点，集中为 90 处。

销售公司在进行销售的同时还负责掌握实际需求，每月对销售给零售店的所有货号进行三个月内的销售预测。这种“三个月预测顾问系统”成为销售公司的经营目标，同时也成为生产计划的基础数据。

2. 小批量生产

MTM运动的示范工厂是洗衣机事业部的静冈工厂生产点。

静冈工厂生产销往国外的全自动机种44个，双缸式机种16个，合计60个。生产线有4条，月生产能力10万～11万台。松下电器最初在1951年开始生产洗衣机时，只有手动单缸式几个种类，所以一直是多品种小批量生产。后来随着生产规模的扩大，基本是“追求批量生产效果的大批量生产”，如月产4000台的机种，分两天，每天生产2000台。这里利用4条生产线，反复生产60个机种。

工厂的生产计划是以月为单位制订的。月初依据上个月事业部向销售公司的实际销售，召开事业部内的生产销售联合会议，制订下个月的生产计划，并据此来进行部件的采购、人员的配备等。因此，下个月结束时，大批量生产的机种，是按照两个月前的销售数据，也包括强行销售“歪曲”了的数据进行生产的。

那么，在MTM运动开始后，改成“每天只生产必要量的小批量生产”。月生产计划为4000台的机种，每天200台生产20天。小批量生产通过同一生产线上频繁交换机种来实现，从而达到了降低生产成本的目的。在静冈工厂，CIM（computer integrated manufacturing）对降低成本作出了很大贡献。从部件的进出库到生产指示都实现了自动化。在配有机器手的生产线，通常10次的机种变换，CIM可瞬时完成。

小批量生产是为了使市场连动。这需要两个必要条件：一个是最新需求信息的适时投入；另一个是从生产计划制订到生产完成的生产周期缩短。

最新信息的投入很好地利用了以月为单位循环的“3个月后行情顾问系统”。在此决定的月生产计划，还要在工厂阶段决定每周、下周生产实施计划并加以修正。研究有关事业部统一管理的销售公司库存、销售公司向零售店的实际销售、零售店阶段的销售动向的一周的数据，决定维持销售公司阶段的适当库存水平的库存补充计划，并依此决定周生产计划。

生产周期为1周是MTM的目标，缩短了一半以上的时间。生产计划的制订、修改和部件订货单的制作，人工需要8天时间，而改用计算机处理后缩短了2.5天。

洗衣机产品库存，以前工厂库存1个月的量，销售公司的流通库存为1个月的量，共计2个月的量。而MTM运动开始后，工厂库存为20天量，流通库存8天量，合计不到一个月的量，减少了一半。

NB厂家松下电器的MTM运动可以说具有推式战略的作用。以关系组A的品牌力为线索，组B的开展店内活动的基本路线没变。想要实现的目标是，提高以组B为起点的组C的交易物流信息处理传递功能，并据此对生产销售进行适当调整。

思考题

1. 用总系统成本的观点说明企业的物流服务与成本间的权衡关系。
2. 试分析封闭的交易关系会不会一直持续下去。

3. 思考在引入了POS系统之前，零售店是如何进行商品管理和品种调整判断的，说明信息系统化的意义。

4. 信息革命使库存管理发生了怎样的变化？

参考文献

日通综合研究所．1986．物流手册．吴润涛，等译．北京：中国物资出版社

矢作敏行．1996．現代流通：理論とケースで学ぶ．东京：有斐閣

田村正纪．2007．流通原理．吴小丁，王丽译．北京：机械工业出版社

夏春玉，等．2006．流通概论．大连：东北财经大学出版社

Alderson W. 1965. Dynamic Marketing Behavior. Homewood，Ill：Irwin

Bucklin L P. 1966. A Theory of Distribution Channel Structure. IBER University of California

Drucker P F. 1989. The Practice of Management. Oxord：Heinemann professional

Kotler P. 1997. 市场营销管理（亚洲版 下册）．郭国庆，等译．北京：中国人民大学出版社

Kotler P，Armstrong G. 2006. 市场营销管理（亚洲版）．何志毅，等译．北京：机械工业出版社

词汇列表

成本权衡关系 trade-off
总系统成本方法 total cost concept
拉式战略 pull strategy
推式战略 push strategy
显性成本 explicit cost
隐性成本 implicit cost
供应链 supply chain
高效消费者反应系统 efficient consumer response，ECR
自动补充库存 automatic replenishment
品类管理 variety management
交叉对接 cross-docking
活动基准进货价管理 activity-based costing

第五章　流通的发展与变化

本章教学目的

掌握流通的发展过程及其理论依据。理解生产厂家对流通领域的介入原因及这种介入对传统商业性质的改变，理解流通的分化与一体化，掌握延期-投机原理，并了解该原理在流通过程中的意义。

经营者们常说“流通业是应变业”，这句话准确地道出了流通业的本质。在零售业中，超市是公认的最具应变能力的。企业的环境适应能力是流通系统发生变化的驱动力，而这种流通系统变化的机理是较为复杂的。本章通过分析流通各阶段中流通机构的水平和垂直关系，以及流通功能的分化和一体化，来考察流通的变化。

5.1　市场营销与商业

5.1.1　生产规模的扩大

如第一章所述，商业使卖者与买者的结合更为容易，从而缩短了流通时间，节约了流通费用。不论是对于卖者还是买者来说，都减少了搜寻时间和搜寻费用，使生产者专心从事生产活动，而生产出的商品则由专门的商业者来销售，这就是社会分工。

当然，这并不是说生产者从此便从销售问题中解放出来，无须再担心产品是否可以销售出去了。生产者还需要通过分销商来了解商品的最终需求情况，再决定应该生产的商品种类和数量。其中，在决定生产数量时，首先要考虑的是生产成本问题。如果不同生产者生产的商品质量同等，而商品物理特性又基本相同，那么价格就是唯一的竞争手段。价格越低就越容易吸引消费者，所以要想大量销售商品，价格就必须比竞争对手低。而生产成本的降低则是引起降价的最直接的方式，也就是说生产费用的降低是实现大量销售的前提条件。

这样，生产者之间的竞争就围绕着怎样降低生产费用展开了。那么，如何来降低生产费用呢？其结果就是扩大生产规模。我们从两个方面来考虑这个问题：第一，通过增加产品的产量、降低单位产品的费用，即以某种生产技术为前提，至少在一定的生产量之内，平均生产费用随着产量的增加有下降的趋势，这是生产中规模经济的作用；第二，生产者通过改善生产技术来降低生产费用，即引进专业化的新型生产设备，寻找新的生产方法，从而在保证单位商品的生产成本减少的前提下使生产规模逐步扩大。

只要规模经济在运转，生产规模的差别就会体现为生产费用的差距。结果是弱小的竞争者被淘汰，形成了绝大部分的同种商品都会由少数大规模生产者来生产的状态，这种竞争状态叫作寡占市场（oligopoly market）。大规模生产具有使市场寡占化的倾向。一个产业的生产总量和需求总量越稳定，这种倾向就越强。

5.1.2 寡占市场中的销售问题

生产规模扩大的意义并非仅此而已。一方面，如果生产规模扩大，生产费用降低，销售价格下降，必然会导致需求量增加。及早地看到这种需求量的增加并将其与销售相结合是商业的职能。商业的职能不仅要发展现有市场地域内的需求，还必须要考虑扩大交易圈以满足分散的需求，从而应对在规模扩大的过程中生产厂址集中的倾向。这样，商业就为大规模生产利益的实现提供了重要条件。另一方面，生产规模的扩大，必然伴随着生产的机械化。准备生产设备需要的费用不断膨胀，一旦准备了设备，如果不能大量生产商品，生产费用反而会上升。也就是说生产阶段失去了弹性。如何保证与生产能力相适应的庞大的市场需求的稳定，是大型设备化生产企业必须解决的课题。

从以上两点我们可以看出，即使销售价格降低了，也无法保证需求的扩大与包括竞争者在内的全部生产能力的扩大同步实现。假如需求扩大的速度快，生产能力便会随后竞相赶上；相反，如果生产能力扩大的速度快，就会出现生产过剩，什么商品能卖掉，什么商品卖不掉，就全靠生产者的竞争了。前面说过，由于生产费用低，价格就能降低，也就能很容易地保证大量销售。但是，生产费用的优越地位是以当前生产状况不变为前提的。如果竞争对手会改善生产设备，引进新的生产技术，就会彻底改变原来的优劣关系，使生产费用的优势，即价格优势逐渐消失。所以，生产费用的差别，绝不是确保稳定市场的基础。

因此，在寡占市场中，生产者一方面需要确保自己庞大稳定的市场；另一方面，需要建立在竞争中获得市场的基本手段。大规模的生产设备不断地送出大量商品，就必须不断地为这些商品寻找市场，如果缺乏有效的手段，生产者就会面临尖锐的销售问题。一般来说，在寡占市场中，生产规模越大，生产费用差别越小，市场销售问题越尖锐。

5.1.3 市场营销的出现

既然价格差别已失去了被信赖的优越性，那么生产者将如何解决尖锐的市场销售难题呢？作为从事销售的专业者，商业能否有效解决个别企业的销售问题呢？

我们知道，商业是很多卖者和买者的媒介，商业者经营很多生产者的商品，却并不与任何生产者有特殊的关系。在这个意义上，商业者相对所有的生产者都是独立的，这叫作商业的社会性。因此，我们不难理解，商品脱离了它的生产者，在商业者手中便成为一般的社会性的商品。也就是说，当两件同质的商品同时放在货架上，商业者不会偏袒任何一方。因此，商业者虽然有能力处理作为整体的生产者的销售问题，但是对个别生产者的销售问题无能为力。因此，随着销售问题尖锐程度的增加，生产者便无法依靠商业者来解决这一问题了。

生产者亲自积极地去解决销售问题，就出现了市场营销（marketing）。那么，市场营销又有什么样的意义呢？

一方面，市场营销能够直接地提供个别生产者的商品信息，说服消费者，创造对自己商品的需求，至少在信息方面，生产者与消费者是直接见面的。这样，个别信息就实现了直接传递，而不再经由商业这一社会化的“装置”了。

另一方面，市场营销并不仅仅是由提供信息和说服等要素构成，为了更好地竞争，企业还需要调查需求动向、确定目标市场、增加产品创意来指挥生产、设定适当的价格、准备产品的销售渠道、进行广告及其他促销等活动。

营销当然也需要费用，但这些费用并不都包含于价格中。市场营销活动保证大量销售，从而实现规模生产的效益，并从中收回市场营销费用。换言之，市场营销的费用是为了扩大市场而发生的费用，如果市场的扩大弥补了这些费用，并能创造出更大的效益时，市场营销便有着积极的意义。

5.1.4 寡占市场的市场营销

按照上述思路，可以认为市场营销是寡占企业间的市场竞争行为，而且它们之间的价格竞争也并不再那么有效了。原因不仅在于寡占企业间费用差别的不断缩小，更重要的是竞争对手对价格竞争具有足够的承受能力。恶性价格竞争会导致两败俱伤，并有陷入毁灭性竞争的危险性。因此，寡占企业有意地回避价格竞争，希望通过商品或广告宣传等价格以外的因素展开竞争，这就是非价格竞争（non-price competition）。

非价格竞争破坏了企业间产品的同质性原则，使产品差别化（differentiation）、异质化（heterogeneity）。结果，消费者可以按各自的偏好选择商品，产品间的价格比较更间接了。当然，这并不是说价格在竞争中丧失了重要性。寡占企业继续维持基本的价格水平，也容许反映产品差异性的价格差的存在，甚至通过折扣的形式使实际价格背离标签价格。因此，在价格方面需要在价格水平、价格差别、折扣让步这三个层次上进行调整，并且企业在每个阶段的竞争与协调的意图都交织在一起。在非价格竞争中处于优势的企业能够更有利地对这种价格方面的不透明性作出调整。

因此，寡占企业间的竞争通常并不仅仅局限于维持价格水平，而非价格竞争也并不单纯是在改良产品的外表和广告方面展开。竞争者经常希望脱离激烈的竞争关系，在自己最强的方面竞争。所以，他们为了不断谋求新产品、新技术而展开竞争。在竞争过程中，如果能开发出使生产费用大幅度下降的技术，价格水平就能降低。当技术革新加入竞争过程之中时，即使在寡占市场上，也会以技术、产品的开发为媒介而展开激烈的价格竞争。

5.1.5 市场营销的吸引效果

如上所述，寡占企业通过市场营销，与竞争企业形成产品的差异，从而争取消费者。只让产品有显著性差异是没有效果的，还必须说服消费者理解差异，选择产品。利用广告和推销员的目的正在于此。

如果营销开展得很理想，消费者就会对特定的品牌产生强烈的偏好。也许会先行决定实际购买行为，这种情况叫作提前销售。在实际购买时，消费者有时甚至会指名要特定的品牌，而拒绝其他的品牌，这叫指名购买。能在反复的经常性购买中持续地指名购买，便形成了品牌忠诚。对于消费者来说，这一品牌就成了无可替代的独立产品。即使达不到这一步，消费者的购买行为也会具有品牌意识。

能够稳固地获得更多消费者对品牌的忠诚，被指名购买的机会就增多。只要消费者不用其他品牌来代替，商业者就只能销售这一品牌，并积极地进行经营。这样，争取消费者光顾的提前销售活动便制约了商业者的备货活动。即使提前销售没能取得最好效果，消费者整体性的品牌偏好，也会不断地对商业者的备货产生重要影响。由于产品赢得了消费者的偏好，其销售就像把消费者吸引过来了一样。这种具有提前购买的效果，叫作吸引效果。

5.1.6　商业在寡占市场中对营销的影响

制造商的品牌确立后，如果消费者的行为有品牌意识，那么商业者的行为也就必须有品牌意识。如果A品牌销售得好，就要对A品牌追加进货，而不能用其他品牌来代替。商业者的转售购入活动便成了按品牌独立进行的活动了。

让我们来重新考虑一下产品同质的情况。消费者在购买时，对产品是没有品牌意识的。现在要想找出这样的产品也并不困难。例如，大部分农产品，当然日用品中也还有相当一部分这样的产品。尽管这些产品之间有差别，但都不可能联想到其制造者。在这种状况下，某产品售出了，却不知道是制造者A的，还是B的。假设是A的商品，商业者为了补充备货，也不一定非要从A处进货，B和C的产品都可以代替。在这种状况下，销售哪个制造商的产品都没关系，商业者面对的是所有生产者。满足这一条件时，叫作贯彻无名性原则。在这里，商业者的转售购入并不与哪个特定的制造商结合，商业者的社会性表现得最彻底。

制造商品牌的确立，以及消费者行为的品牌意识，打破了商业者的无名性原则。由于商业者的转售购入是按品牌独立进行的，其社会性就不得不受到制约。即使这样，商业者也可以对他经营什么产品、什么品牌作出完全独立的判断，商业者并没有失去决策的自主性。商业者通过经营多种品牌，联系着众多的制造商和众多的消费者，并通过把众多的制造商的产品展示于店内的货架，商业者把制造商发出的想要销售自己产品的信息经过整理，提供给消费者，即商业者作为专家把制造商的产品进行中立的比较，把比较结果作为自身的信息发出。在这个意义上，商业者依然具有社会性。

换言之，由品牌确立而导致的无名性原则的破坏，改变了商业者社会性的表现形态。其社会性只能通过经营众多品牌的形式来表现了，并且它所能发挥的社会性的程度，取决于它对众多制造商的中立程度。

5.1.7　推式战略的必要性

不论商业者如何中立地经营各品牌，如果消费者的事前销售是完全的，消费者找不到指名购买的品牌，就会去其他商业者那里寻找。这样，商业者就成了单纯交付已实现预售的产品的机构了。即使具有社会性，其意义也是极其有限的。

然而事实上，事前销售并没进行到如此完全的地步。

第一，消费者即使偏好于特定的品牌，却很少有根本不可能用其他品牌代替的情况。品牌偏好并不是非此不用，有这个品牌就买；如果没有，买别的也可以，或者是较宽容的态度——在既有的品牌中选择一个较为喜欢的。即品牌间的替代性在多数情况下只是不完全而已，但决不会消失。

第二，消费者对品牌信息掌握的不完全。尽管可能熟知某一时点特定产品的所有品牌，但由于新的品牌会不断出现，消费者不可能随时都掌握信息，所以如果消费者在商店中遇到没听说过的品牌，就会产生了解新品牌的欲望，而经销商大多也会向其说明。

这样，消费者事前对品牌的选择，通常也是不充分的。相反，商业者对消费者最终的品牌选择具有绝对的影响力。商业者以专家的身份进行的明确的推销说明加上有奖销售，掩盖了消费者不确定的品牌偏好。另外，POP 广告、商业陈列的质量感及货架的位置等，都会对消费者的购买行为产生极为重要的影响。但作为具有社会中立性的商业者，却不想以只对特定制造商有利的方法来施加影响。

对于制造商而言，通过产品战略和促销战略产生的提前销售效果，在消费者实际购买的决定性时点上，却被中立的第三者——商业者给削弱了，使事前销售的效果大打折扣。

当然，这也表明了商业者具有强大的影响力。如果能够加以利用，就能加强事前销售的效果。制造商试图让商业者放弃中立，优先销售自己的产品。产品在得到商业者的协助下进行销售的战略叫作推式战略。尽管有了吸引效果，但推式战略的重要性也不可低估。更准确地说，商业者的转售购入按品牌统一进行，使推式战略越来越重要。

5.2 流通的发展与变化

5.2.1 垂直分化与一体化——商业者的独立与被排斥

从流通机构的分析方法来看流通阶段的分化与重组，讨论的焦点是垂直关系。流通机构怎样承担流通功能，它们是否独立？让我们首先来看流通环节分化（distribution specialization）。商业者不是生产部门的附属品，是在独立的流通过程中体现出来的。商业者的分化与独立是以生产力的提高和市场扩大为背景的，是社会分工和专业化发展的结果。具体来说，消费品流通的环节分化为批发商和零售商，批发商又分化为收集、中转、分散等各种批发商。

独立的近代商业者的诞生，是在产业革命以前的 100 年（1660～1760 年）里。其中，英国是最具代表性的。在中世纪，不论是手工业者还是零售商，只要从事买卖的都是商业者。后来随着行会的发展，从事制造销售的工匠与联系工匠与消费者的国内零售商分离开来。另外，以转售为目的而介入的贸易商和大型批发商开始独立出来。

当时，英国采取的是积极的殖民政策，贸易商作为收集、中转批发商，把从世界各地掠夺的商品运回国内市场。与此同时，国内市场中为把商品迅速分销出去的分散批发商和专门从事零售的商业者也应运而生了。

这样，以生产力的提高、市场范围的扩大和城市与农村的分离为背景，商业者开始分化，一部分是从事大型、集中、统一贸易和生产的批发商，一部分是从事小型、分散、个别消费的零售商。

流通的垂直分化随着经济发展而进行。而到了大量生产、大量销售时代，又出现了流通环节一体化（distribution integration）的新动向。现代企业以大规模生产和销售为杠杆，通过流通环节一体化来获得竞争优势。

垂直一体化（vertical integration）是指一个企业将两个或两个以上生产或流通环节重组、合并，实现资本和人员的结合。垂直一体化可以带来以下好处。

(1) 节省了搜寻、交涉、监督等交易费用。

(2) 能保证独自的采购源和销售对象。

(3) 各环节间的活动可作事前、事后的调整。

(4) 相关活动领域扩大，技术能力提高。

(5) 可行使垄断力并形成进入壁垒。

其中前三点最为重要，它们可降低复杂流通活动的不确定性。

垂直一体化的费用有如下特点。

(1) 投入增大，且固定，占用过死。

(2) 会发生各个环节间的流量和技术的不均衡。

(3) 难以从外部获得新技术和信息。

(4) 管理的复杂性与困难性增大，总的来说，垂直性活动领域扩大，风险发生的可能性也增大。

总之，流通环节一体化是由一体化的利益和费用关系来决定的。汽车、家电、化妆品等行业的流通系列化，是一体化的利益高于一体化费用的例子。在流通系列化环节中，总的来说，零售环节保证商品信息的提供、咨询销售、维修服务等，是销售竞争的重要因素。尤其是初期，因为还没有发现提供这些功能的适当的销售渠道，所以才投入资本和技术，推进环节整合。

大型厂商的流通系列化就是要制约经销商的自由备货，引导其进行有利于自家产品的销售、稳定价格的活动。在汽车、家电和一部分化妆品及合成洗涤剂行业，主要是批发阶段的资本一体化，厂家销售公司是专卖店，所以排除了自由的备货齐活动。并且可以通过厂家的销售公司削减与零售店的交易费用以及提供适当的流通服务。

总之，一方面，商业者在独立的过程中出现阶段分化；另一方面，阶段一体化又具有“排除商业者”的性质。

5.2.2 商业的萎缩与被排斥

如果生产环节积累和集中资本，那么就不需要收集阶段的批发商了，至少其存在的意义大大降低了。例如，在中小生产者大量存在的地方产业，仍存在着叫作产地批发的收集阶段的批发商；相反在啤酒、家电等产业领域，尽管仅次于制造商地位的批发商仍承担着分散功能，但在这里收集阶段已不需要了。或者，大型制造商从市场（包括其承包企业）购进零部件，在自己的工厂内组装生产，这就使市场关系内部化了。原来介于零部件业者之间的批发商也就失去了存在的意义。

这样，生产环节的规模扩大会使相对应的市场流通活动消失，商业者便失去了存在的基础。一般来说，因环境的结构性变化而使商业失去存在的基础时，叫作商业的萎缩。不过只有一部分商业会萎缩，而不是全部。寡占产业与自由竞争产业相比，批发商的活动领域受到限制，但仍有大量的批发商和零售商存在。而且这些商业者们正是原来具有社会性、中立性的商业者，这种社会性和中立性在销售中的影响力，正是寡占企业想利用的。这也正是商业者社会性、中立性仍然存在的根据。

后面还要详细论述，寡占企业所谓吸引商业者的影响力，实际上就是限制商业者的社会性及中立性，或者更极端地说，也就是想越过商业者，以自己的力量实现销售。这样，尽管商业者本来有存在的根据，却因为寡占企业有意识的行为而被否定了，或者改变了存在的方式。这在广义上叫作商业的排除。

到了垄断资本主义阶段，生产部门垄断及垄断资本的形成，使由生产决定的流通也发生了各种变化。也就是说商业资本所处的环境发生了变化，使其丧失了在自由竞争阶段所具有的独立性。这些变化表现为如下几点。

第一，由于大规模的资本集中，形成了生产纵向联合的康采恩、托拉斯，在自由竞争阶段需要以商品流通来联结的各个生产环节，现在成为垄断企业内的自然工序。比如，原材料生产者和加工业者之间，产品不必通过市场，自然进入下一个生产环节，省略了买卖过程，所以作为生产环节之间商品流通媒介的商业者便失去了存在的意义。

第二，生产的集中和生产规模的扩大，使得买卖交易也相应集中，交易次数相对减少。商业者的介入对减少交易次数的作用大大降低，商业者的数量也自然相应地减少。

第三，巨型企业自己进行大批量买卖操作成为可能。它们可以在自己的企业内设置与独立商业者同等效率的销售组织。

第四，商品的标准化、单纯化及通信手段的发达，使商品销售很少受使用价值的制约，生产企业直接销售和利用广告销售的方法越来越普遍，所以商业者的信息功能也受到了抑制。

第五，信用制度的发达，使商业资本丧失了金融功能。总之，上述环境的变化，从各个方面限制了商业资本（主要是批发环节的商业资本）原有作用的发挥，商业者独立的活动范围不断缩小，巨型企业资本内部的销售组织不断完善。可以看出，进入垄断阶段后，形成了一种排除商业资本的趋势。个别商品资本不通过商业资本，无媒介地直接与最终市场连接，这就是垄断阶段流通的特征。

5.2.3 水平分化与一体化

流通机构的水平分化与一体化，可从两个视角来分析。一个是不同商品的“业种”视角；另一个是包括“业种”的自由市场营销要素组合决定的“业态”视角。

首先从“业种”的视角来看。“业种”是营业种类的特征，是以经营商品的种类来决定的。采用产业分类的业种分类，很好地反映了流通水平分化。

业种的分化是由于不同商品在经营技术、设备及交易关系上都有很大的差异，如生鲜食品中的鲜鱼和猪肉，经营所需的商品知识、经营技术、设备工具、进货渠道等都不相同，只经营特定商品更为有利。流通阶段的业种分化，受生产专业化的影响很大，多数批发零售商业都出现了业种分化。

业种分化的程度受市场大小的影响。一定商圈内如果没有充分的购买力，就不可能出现特定业种的销售。在购买力贫乏的状态下，经营更多的商品是合理的。在西部电影中可以看到，西部小镇上与酒馆、马厩并列的肯定是杂货店。从面粉到枪，生活必需品样样俱全，这就是在业种分化之前的未分化状态。然而，业种的综合化并不只发生于市场未发达状态下，综合超市这一“现代杂货店”的发展，是业种重新一体化的成功例子。

商品构成的特点一般由两个因素来决定。一个是与商品种类多寡相关的广度（宽窄），另一个是与某种商品的品牌、尺寸等品种的多寡相关的深度（深浅）。杂货店的商品构成特点是宽而浅，业种分化后的专门店的商品构成则变为窄而深。

杂货店式的业种一体化具有一站式购物的方便性。专门店式的业种分化，提供了商品的比较购买的功能。业种的一体化和分化是互为补充的，因而可共存共荣。

其次从“业态”的视角来看。业态是店铺营业形态上的特征，由目标顾客、商品构成、价格设定、选址条件、促销方法、营业时间、零售组合和战略决策构成。

图 5-1 是用商品构成特征来表示零售市场中的四个业态和一个业种店的位置。横轴为商品构成的广度，纵轴为深度。从历史来看，以传统商店（业种店）开始的零售商（一般商店），成长为综合性业态（百货店、超市、便利店）和专门的业态（专业店）。

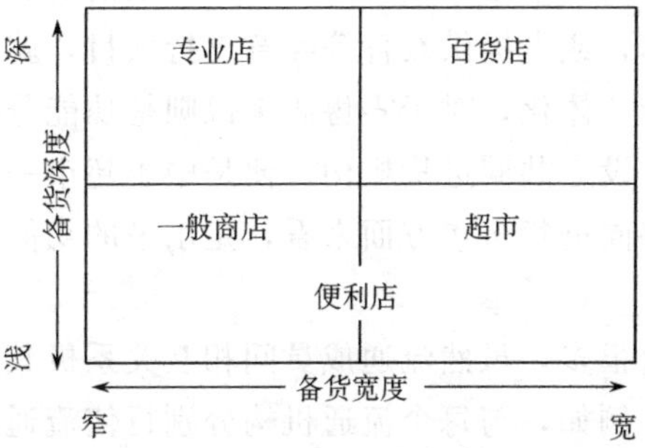

图 5-1　商品构成与业态地位

资料来源：改编自 Gregor and Friars，1982

革新型业态以销售竞争的差别化为目标，成功地创造出以下新的零售功能。①百货店：以选择性购买品为中心的比较购买，一站式购买功能。②综合超市：日常生活必需的方便品一站式购买功能。③便利店：满足即时性消费需求的方便品的省时功能。④专门店：特定商品的比较购买功能。

值得注意的是，百货店和超市作为广泛经营不同商品的综合业态的典型代表，为了克服经营技术不同这一业种一体化的障碍，开发出了新的经营技术，如百货店分商品部门的管理体制、超市的预先包装方式等。

业种分化受到了生产分化的很大影响。而业态分化和一体化，是为适应消费者行为的变化而发生的。因为零售商直接面对消费者，所以零售阶段的业态变化比批发阶段更活跃。

5.2.4 功能的分化与一体化

首先，功能是可以分割性转移的。流通功能可以分割成买卖、保管、运输、风险承担、市场信息等，它们相互关联、相互依赖，但买卖和保管、保管和运输的状况是由市场分割的。而且流通机构间通过各自承担功能的分割转移，可使流通系统重新组合。某流通机构可以把保管和运输中的保管，全面或部分地转移给专业仓储者。也就是说，流通职能是在流通机构间流动的。例如，原始的“批发功能”已不存在了。所存在的只是流通功能。传统批发商担负的流通功能只不过是特定条件下的功能。因此，要确定谁怎样承担着流通功能，是要以环境因素的变化和革新的出现为依据的。

其次，功能是可以替换的。流通功能的分担关系常作为功能替换论（functional substitutability）的问题进行理论探讨。功能替换的方法大致有四种。在垂直关系中有两种：①某流通机构把一部分功能转化给流通阶段前方的其他机构（这叫作前方功能替换）；②某流通机构把一部分功能转移给流通阶段后方其他机构（即后方功能替换）。水平关系中也有两种：①某流通机构与同一阶段的其他机构共同行使功能；②专业辅助机构替换功能（流通机构承担的一部分功能外部化，转给运输、市场调查、信息处理、金融等专业公司）。

功能替换在日常流通活动中是极其自然的，如大型消费品厂家把零售店系列化，给予进货政策和促销等优惠，或者提供教育等经营支持项目，就是零售功能的后方功能替换。对于厂家来说是功能一体化，对于零售店来说则是功能分化。

中小超市集中起来，设立共同进货机构，便是中小超市一部分进货业务和促销计划的水平式功能替换。从共同进货机构方面来看，是水平的功能一体化，对于加盟的中小超市来说则是功能分化。

发生功能替换的理由很多，虽然流通成员间相互关系极其复杂，但至少功能替换带来的经济利益是肯定的。例如，与每个流通机构分别行使流通功能相比，功能一体化可发挥规模经济的优势，节约费用；把某功能剥离出去的一方及把功能集中承担的一方，都促进了特定功能的专业化，促进了技术的提高和发展；功能分担关系的重组，可以提高系统的效率。

最终，垂直和水平关系中各功能的分担关系决定了流通系统的结构。根据有效竞争，当流通机构间达成有效率的功能分配时，流通系统整体才能达到理想状态。功能的分化与一体化就是说明这种流通功能的分担关系的。

从流通功能的分化与一体化的关系来看，由于功能转移在流通机构间进行，对于某机构来说是功能分离即分化，对于别的机构来说则是功能的一体化。也就是说，社会必要的流通功能肯定会有人承担。这就意味着，功能与机构不同，不可省略。所以，我们必须注意到某机构的功能分化，即其他机构的功能一体化这样一种相互的关系。

5.3 延期-投机原理

5.3.1 “预测”还是“实际需求”

从机构和功能的垂直或水平关系来看流通系统，呈现出了动态的规律。在这里如何确定流通系统是否达到均衡状态？我们将从延期-投机原理（principle of postponement-speculation）中来寻找答案。

延期-投机原理着眼于流通功能替换，用来解决经营不确定性带来的风险分担问题。当总系统中的风险分担关系处于最佳状态时，便能实现理想的流通系统。

阿尔德森（W. Alderson）最初提出这一分析视角时，不只是针对流通，还包括生产。我们也把问题从流通扩大到生产，这样才能准确地把握生产与消费的供求结合功能。分析的层次分为时间和场所，为了使讨论简化，我们只限定为时间层次。

时间层次的延期-投机原理，是以具有购买力的消费者和产业用户决定购入特定商品的时点为基准来建立概念的。延期还是投机，取决于该时点与生产活动投资和库存投资的决策时点的先后关系。如果决策接近于购买需求发生时点，便是延期；如果是在购买需求发生之前进行，便是投机。其中购买需求是消费者和产业用户的实际订货，这是确定了的需求，也叫实际需求。零售阶段的销售和订发货的信息，也可看作实际需求。另外，生产活动投资决策包括产品形态（各种产品的属性）和生产量的决策；库存投资的决策，包括库存商品的种类和数量的决策。

简单地说，延期的意思是延缓进行某产品的形态和库存投资的决策。也就是在购买需求发生后或在购买需求发生的时点上决定产品形态和库存投资。相反，投机是在事前进行产品形态和库存投资的决策。由于决策是在事前进行的，所以产品形态决定和库存投资是在购买需求发生前根据预测进行的。

从这一概念可以推断出，延期还是投机所确定的是需求信息（订货）投入的时机。延期中信息投入的时间是延迟的，所以信息的内容是最新的需求信息或实际需求信息。与此相反，投机中信息投入的时机较早，所以信息内容是根据事前计划预测的。也就是说，由于信息投入的时机不同，信息的内容是“实际需求”还是“预测”就会大不相同，这正是延期-投机原理逻辑构成上的特征。

“实际需求”和“预测”中，经营的不确定性和风险负担的程度大不相同。接近“实际需求”能得到很准确的信息时，生产和流通活动的不确定性就能大幅度降低。相反，赶在“实际需求”发生之前，以事前的“预测”进行生产和流通活动的投机，有可能发生预测错误和事后的突然变化，从而增加经营的不确定性。

“预测”的不确定性与预测时期成正比。一般来讲，下一周比下个月容易预测，明天比下一周容易预测。从信息投入的时机来看，预测时期短的延期化比预测时期长的投机化能降低经营的不确定性。

信息投入的时期和不确定性的增减，其因果关系是确定的。延期的效果是生产流通活动可以根据最新的市场动向进行，降低不确定性。投机却没有这样的效果，但投机有延期不具有的投机效果。根据事前“预测”的投机性生产流通，使规模效益达到最大化。按照事前决定的计划，进行投机型的生产和流通，使生产流通的批量增大，从计划到实施有充足的时间，而反映最新需求动向的延期型生产流通是通过不断注入信息进行的。由于频繁地进行生产流通活动，所以这一次生产流通决策到下一次决策的时间间隔短，每一次生产流通的批量小。这是一种费用高的生产流通活动。从经济活动自身的物理性来看，投机使生产流通顺利、有效率地进行。

总之，延期和投机各自都有其经济合理性。追求一方就会失去另一方。流通机构如果采取延期行为，就会失去投机效果；采取投机行为，就会失去延期效果。其结果是，在有效竞争的条件下，延期-投机的水平向均衡状态收敛，形成理想的流通系统结构。这时，前面供求结合处论述的库存方法，就成为决定风险负担分配的中心论点。

以下把生产和流通分开，分别说明延期-投机原理。

5.3.2 订货生产和预测生产

生产阶段时间层次的延期-投机，根据订货信息的投入时机，分为订货生产（make-to-order）和预测生产（make-to-stock）。订货生产是在订货信息投入后才决定产品形态，预测生产是订货信息投入之前就决定产品形态。从实际需求发生时开始的订货生产是延期型系统；相反，在实际需求发生之前进行的预测生产为投机型系统。这两种系统处于两极位置，中间有很多不同水平的延期-投机第三状态的决策领域。

订货生产和预测生产中，分别有延期、投机的经济效果。在预测生产中，以库存来应对需求变动。需求变动如果在事前预测范围内，生产就可利用缓冲库存而顺利进行。但库存有费用和风险，如果需求变动超出了预测的范围，就会有麻烦。超出预测的需求增大，会出现库存不足和缺货的问题，有失去顾客信任的危险。相反，超出预测的需求减少，会导致库存增加，而不得不缩减生产计划。预测生产是以库存来调整生产和销售的机制，即库存吸收了困扰生产的不确定性风险，卖者承担库存费用和风险。

与此相对应，订货生产是根据实际需要来调整生产和销售。订货生产中根据实际需求信息的投入进行生产，产品库存为零。不发生库存费用和库存风险。顾客的需求也能得到满足，可以说是理想的生产形态。但卖者接受顾客的订货后，如果不在顾客允许的时间内生产、交货，就会失去顾客的信赖。接受顾客的个别订货生产成本较高。并且，由于订货生产没有库存，卖者也会受需求变动的影响，经营上也会出现设备人员过剩或不足等烦恼。

生产系统的具体选择，可以从不同商品的分析方法入手。满足即时消费需求的方便品，一般采取预测生产，因为大量生产标准化商品，可降低销售价格，减少消费者的等待时间。而订货生产一般用于顾客需求是个别性的、难以标准化生产的生产资料，以及一部分选择性购买品和特殊品的生产。但选择生产系统并不一定是从预测生产和订货生产中二者择一。

近年来，为了“接近实际需求”，吸收不确定性的延期型生产系统令人瞩目。理由是：第一，能够适应消费者需求多样化的要求更加强烈。频繁的投入需求信息来对付市场变化，实现有弹性的多品种少量生产系统，是各个领域中竞争的焦点（但成本过高又成为问题）；第二，POS、EOS等信息技术革新，使信息处理、传递能力提高，可以在最佳时机投入最佳信息，如丰田汽车公司（简称丰田）的订货等级系统就是一个在强大信息管理系统支撑下进行灵活的订货生产的一个范例。

丰田的订货等级系统

发达国家的小汽车生产多数都是按购买者的订货而制造的订货生产（make-to-order）。汽车虽然被认为是大量生产、大量销售的典型，但实际上都是对顾客适应力很强的一体化生产流通系统。

丰田与销售店之间签订一年或半年期的合同，作为共同生产销售的目标，然后按照以下步骤，逐步实现这一目标（图 5-2）。

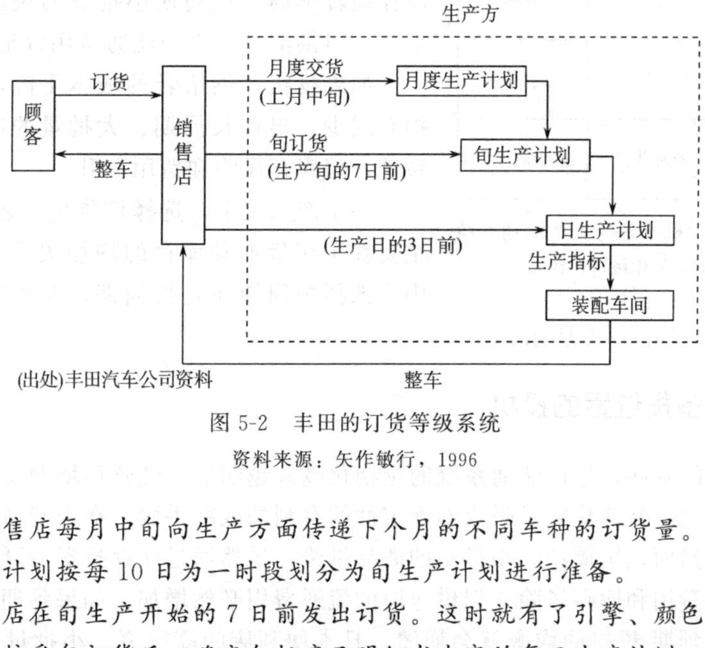

图 5-2 丰田的订货等级系统

资料来源：矢作敏行，1996

首先，销售店每月中旬向生产方面传递下个月的不同车种的订货量。工厂按照这些订货，把生产计划按每 10 日为一时段划分为旬生产计划进行准备。

然后销售店在旬生产开始的 7 日前发出订货。这时就有了引擎、颜色等细部的产品明细书。工厂接受旬订货后，确定包括产品明细书内容的每日生产计划。

销售店根据旬订货展开销售活动。为了兼顾顾客的购买希望，在生产日的 3 日前，允许顾客对同一车种的同一车身形状、同一引擎，在颜色、装饰等方面作有限选样，可变更旬的订货明细书。顾客的订单以日为单位投入生产后，预测生产便转换为订货生产，大约两周后向顾客交货。订货信息以月、旬、日逐步投入后，生产活动就逐步接近“实际需求”。

由于延期化是分阶段进行的，所以生产的规模效益在预测生产阶段得以保证。同时，由于延期效果，在遵守短交货期的同时，又消除了预测的不确定性。

5.3.3 短循环与长循环

时间层次的流通系统的延期-投机，是讨论流通过程中物品转移所需时间长短的问题，即短循环-长循环问题。商业者的业务分为进货和销售。特定流通阶段上物品的流速，可由进货状态下的从订货到交货所需时间与销售状态下的从交货到送货所需时间的合计来测定。前者为交货周期，后者为店铺库存周期。交货周期和店铺库存周期合计，即是销售周期（order-to-payment cycle）。

订货—交货—销售这一循环时间越短，库存投资决策就离购买需求发生时点越近，这就是延期。延期中，库存投资的预测时间越短，最新的需求动向越能反馈给预测。相反，销售周期越长，流通活动就离购买需求的发生时点越远，即成为投机。为库存投资所需的预测时间越长，不确定性就越大，库存风险就增加。在这里延期也是投机的制约条件，而投机也成为延期的制约条件。

另外，假定销售条件不变，店铺库存周期会随着交易批量的变化而变化。交易的批量增大，平均库存量增加，库存周转就慢；相反，交易批量小，库存周转就快。

	生产	流通
延期	订货生产	短周期
投机	预测生产	长周期

图 5-3 延期-投机原理与生产流通系统

资料来源：矢作敏行，1996

结果是，如果延期，便形成销售预测性强、库存周转率高、短周期小批量的快速循环型流通系统，但供给者负担的流通费用肯定上升。

如果投机，供给者的成本下降，库存断货的担心减少，出现长周期、大批量的慢循环型流通系统，但库存风险和费用上升。

在生产系统中，选择订货生产还是预测生产，主要在于交货期和库存的均衡关系。在流通系统中，选择短周期还是长周期，在于交货周期和流通费用的关系，如图 5-3 所示。

5.3.4 备货位置的投机

随着经济的发展，生产流通系统的延期化越来越明显。经营环境的变化加快，经营的不确定性增大。延期化成了吸收不确定性的有利的战略手段。在消费品流通中，短循环迅速发展。然而，短周期、小批量的商品供给，虽然通过库存投资的延期化，降低了零售商的库存费用和库存风险，但供应商的流通费用必然增加。如果延期系统中完全没有投机行为，延期-投机的均衡就会崩溃。日本便利店的高频率、小批量配送，就曾经被指责为“欺压批发商”。

下面对备货位置的投机与延期作进一步的说明。前面已反复强调过，备货是从上游向下游按阶段进行的。离消费者购买阶段越近，备货物就越接近消费者所期望的产品组合。这说明，一般情况下，备货位置会被延期到末端环节（应该注意的是，这里讨论的是一直在我们的视野之外的从空间层次的角度来看的延期-投机问题）。

以往的流通论都是以备货形成活动的阶段性延期为前提的。在无法预测消费者期望的商品组合时，无法通过一个环节的备货就将供求结合起来。只能通过从生产到消费、从厂家到批发阶段、从批发商的配送中心到零售商的店铺，这样多环节的备货来逐步调整。

对此，备货位置的投机，尽可能使备货向后倾斜，在上游阶段进行。例如，在便利店和超市，批发阶段和自己公司的配送中心承担了原来在零售阶段进行的备货，参见图 5-4。如果提高配送对象的店铺密度会降低流通费用，引进信息技术会缩短订发货业务时间，那么交易方集中和共同配送，会形成促进备货位置投机化的新的商品结合点。

在总体交易量和经营品种不变的情况下，如果由少数的供货商集中供货，那么每个供货商的交易量增大，并且备货能力提高。即使供货商数不变，如果向零售店铺共同配送，那么物流批量也必然增大。交易方集中和共同配送，使得零售订货的小批量变为大批量进货体系。在持续交易关系中，如果经营信息共享，就能实现事前决策和筛选经营的商品，设定配货频度和交货时间等配送计划，从而大大削减供给方面的流通费用。

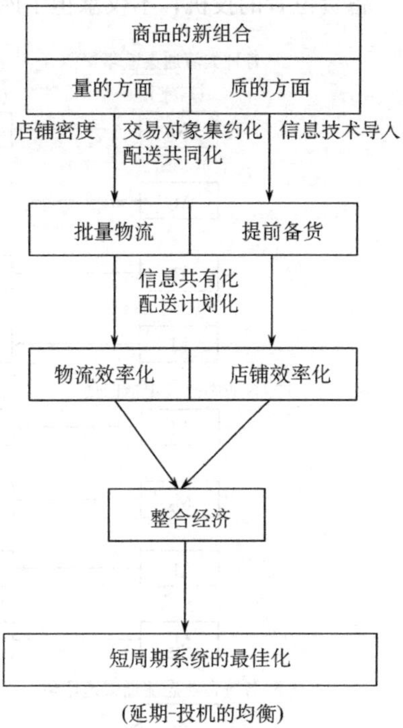

图 5-4　备货位置的投机概念

资料来源：矢作敏行，1996

备货位置如何变化呢？图 5-5 可以很好地说明。在传统的流通中，主要是按厂家、按商品把流通渠道进行细分的业种流通渠道。消费者为了做晚饭而购物时，在肉、蔬菜、调料、饮料等按不同业种经营的零售店中购买，亲自进行备货活动。这时，备货位置被延期到消费者阶段。

超市和便利店发展起来后，出现了提供一站式购物功能的业态流通渠道，部分备货位置向零售阶段移动了。消费者不必在各业种店逐一购买，在一个店中即可买到所有商品。这些业态代替了一部分原来由消费者承担的备齐活动。这时，备货位置向零售阶段作了投机。

但是，在业态流通渠道中，商品的供给也是按照厂家、商品等不同业种来流通的。像啤酒、碳酸饮料、调味品、方便面、化妆品、合成洗涤剂、家电、医药品等很多消费品，都是按不同厂家而组织的专属批发商（特约店、代理店、厂家销售公司）来流通。零售商要对主要厂家的产品，如啤酒进行备货，这就要分别到厂家的特约店进货，即啤酒的备货主要不是在批发阶段，而是在零售阶段进行。从加工食品这一大商品类型来看，还细分为酒类、香辛料类、冷冻食品类等，在零售阶段可形成消费者期望的商品组合。在这里，备货位置也是被延期化了。

然而，在一体化的业态渠道中，细分化的供给渠道由于供货商的集中和共同配送而形成了一体化，迅速提高了其在批发阶段的备货能力。自 20 世纪 80 年代以来，汇总接受订货、汇总交货在日本超市和便利店行业成为行话。在加工食品和点心行业，交易对象也开始向一家或几家公司集中。厂家流通系列化渗透到杂货、家居用品等领域，并开始采取共同配送。

如果向批发阶段进行备货位置的投机，在零售阶段就会降低库存费用和成本，同时省略了店内作业。过去在零售店，在交货时要进行验货，把不需要陈列的部分商品放到仓库里，根据销售情况再出库陈列。而在短周期、小批量型流通系统中，商品事前在配送中心验好货，在必要的时候购进必要的量，交货后直接陈列。省略了验货、后方库存、出库等作业，后方库存水平大大降低。

备货位置的投机，不仅承担了库存投资的延期，而且派生出替换店内后方作业的功能。

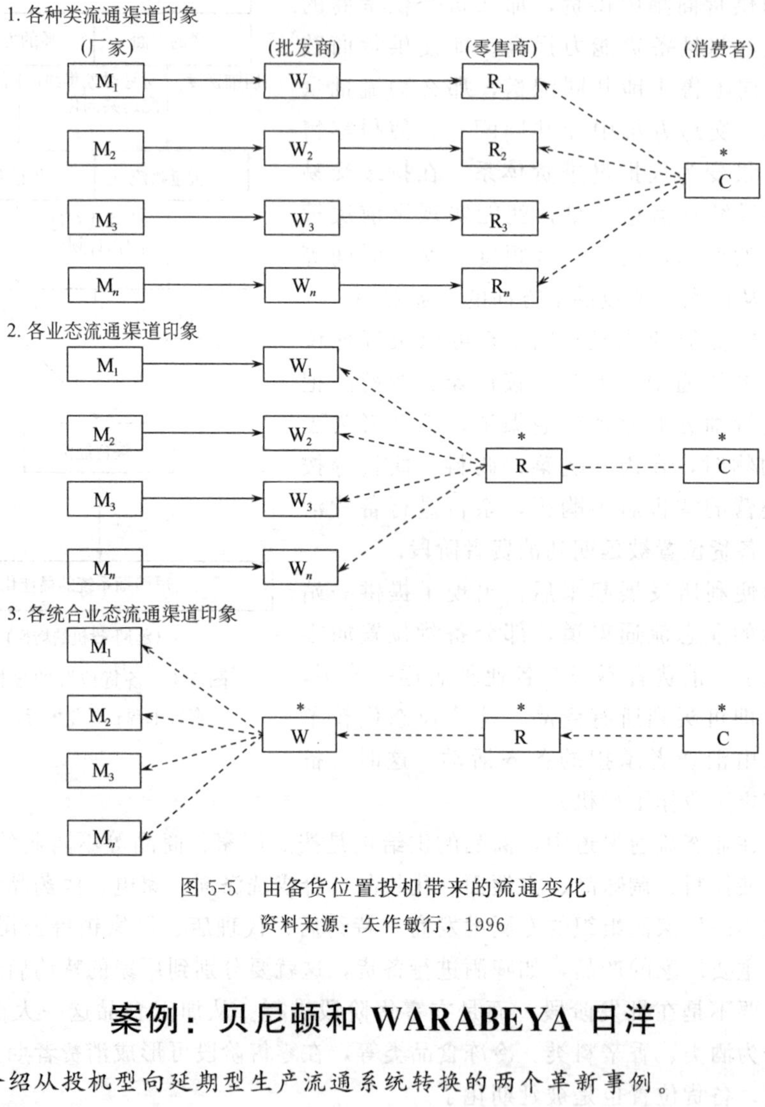

图 5-5 由备货位置投机带来的流通变化

资料来源：矢作敏行，1996

案例：贝尼顿和 WARABEYA 日洋

下面介绍从投机型向延期型生产流通系统转换的两个革新事例。

1. 针织品后染制法革新

意大利的服装厂家贝尼顿的创始者理查德·贝尼顿所追求的自己事业成功的因素有以下三点：①追求“色彩丰富鲜艳的年轻人的毛衣”这一贯的产品概念；②开发产品形式后染色的后染方式；③形成从零售店到下包的弹性网络组织。

贝尼顿是否知道产品、制作方法、组织革新这三要素不得而知，但其成功的三个因素却与技术革新三要素是一致的。

毛衣一般是在毛线阶段染色，再把染好色的毛线用手或机器编织。编好的毛衣再重新染色，虽可染成其原有基调的颜色，但毛线毛衣织好后染色，需高温风干，毛衣会缩水、漏洞，技术上十分困难。

尽管如此，贝尼顿仍然固执地开发后染技术，面向年轻人的毛衣流行时尚变化极快，风险很大。在倡导消费者主权的现代，迎合消费者的产品化倾向很强。流行商品多，风险大。如果后染能实现，就没有必要从最初的毛线开始染色，可以把编好的半成品作为库存，从零售店接受订货后，马上产品化，一周以内便可交货。

贝尼顿深知产品形态延期的后染方式是回避库存风险的有效手段。出生在北意大利的贝尼顿，20 岁时（1955 年）就决心发挥妹妹的编织本领，自己销售毛衣。八年后(1963 年)，开发出后染方式，削减了大量库存，使事业走向成功的轨道。

后染这一技术革新，融入了联结生产与流通的弹性组织中。贝尼顿生产系统，在总厂和分公司下设有 12 个下包企业和系列化的下包企业，以及周边独立下包企业，形成多层次的下包组织。

总公司的工厂把原材料削减到必要量，12 个主要下包企业每天早晨用卡车运回去，向其交易对象（约 400 家下包企业）配送。傍晚时把当天缝制好的产品收回来。总公司工厂把没染色的半成品库存起来，根据需求动向，进行最后染色工序，这样每天反复进行。生产是每天根据需求动向小幅度调整，以回避报废和过剩库存。

在流通阶段，零售店做到卖场以外无库存，店铺面积为美国式的 80～100 平方米的规模。在降低店铺和库存投资成本的同时，极力排除末端销售阶段的流通库存，使产品的库存集中管理很容易进行。总公司附近的立体无人仓库可容纳 30 万箱产品，通过各地事务所的电脑网络，24 小时无间断按订单运出产品。

在零售阶段尽可能压缩库存规模，同时迅速地补充库存以防止断货。这可以说是典型的延期型流通行为。

2. 盒饭汇总订货生产流通体系

日本的零售行业过去 20 年持续高增长的便利店，其革新性在于隐藏背后的延期型生产流通系统。

过去超市和一般商店经营的食品杂货几乎都是集中预测生产。这样的话，虽然生产、流通阶段会存在库存风险，但零售商能在必要时及时供应商品，获得投机效果。厂家、批发商和零售商围绕如何分担库存风险而冲突不断，使得交易费用上升。

而便利店的战略性商品，如盒饭、饭团等米饭商品，各种家常菜肴和凉菜，花样面包，生面条等都采取分散订货生产的方式（表 5-1）。

表 5-1　便利店系统的生产方式与代表性商品

空间＼时间	订货	预测
分散	盒饭　饭团 花样面包 蔬菜等	牛乳 豆腐等
集中	预约销售商品 （例　圣诞蛋糕）	加工食品 糕点 杂货

资料来源：矢作敏行，1996

但是便利店的订货生产与服装这种传统的订货生产不同，传统的订货生产，消费者或产品用户的订货一般是在具体的制造工序开始前投入。生产和流通阶段，都没有库存。便利店的米饭商品在工厂和配送中心，原则上使产品零库存状态，但在末端零售阶段，会发生产品库存。换言之，零售阶段承担了库存风险，使“预测销售”和“订货生产”巧妙地结合起来。我们把这种体制叫作综合订货生产流通系统。

图 5-6 是在大型连锁便利店交易的米饭商品供应商日洋（Warabeya），从首都圈的工厂到店铺销售过程的工作时间表。米饭商品每天一次订货，三次交货。交货周期最短的是在当天下午的那一次，必须在销售高峰时间 6 点前完成向全部店铺的交货。

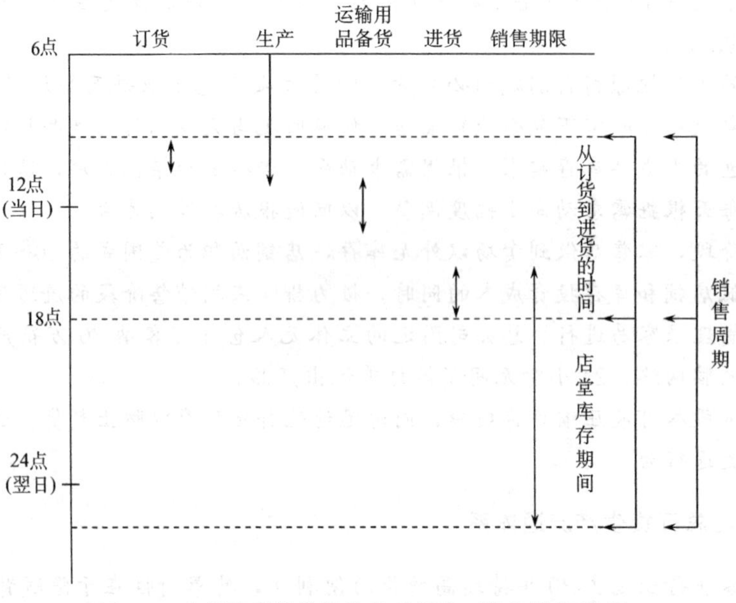

图 5-6 盒饭类商品供给作业时间表（傍晚进货模式）

资料来源：矢作敏行，1996

送货车在 8～13 个送货点之间按固定运行路线配送。算上各店间距离和店铺滞留时间，在下午三点半之前必须到达第一个店铺，否则就不能在销售高峰前全部送货完毕。为此在临近工厂的共同配送中心，包括其他供货商的商品，筛选分类、配货、装货等必须在 3 点前完成并运出。

可是，订货在上午 10 点截止，信息到工厂已 11 点。米饭商品的生产工序分为做饭、煮菜等前期工序和菜肴等 14～15 个“配件”（盒饭的情况）组装等后期工序，各需时间 4 小时。

前期工序即使可以事前完成，从投入订货信息的 11 点开始进行后期工序，到下午 12 点前要结束生产，再加上搬入共同配送中心的作业时间，是无论如何也来不及了。

为了解决这个时间差，该公司采用先进的生产方法。在总部的帮助下，正确把握过去的需求动向，上午 8 点根据“预测”先行进行下午运送部分的生产（后期工序），11 点前做出暂定生产量的 80%。订货信息投入后，用 1 小时对每种商品进行调整，12 点时便可轻松完成全部生产量。也就是构建一种订货信息投入后，先行的预测生产便转换为订货生产的体制。

这样订货，当天深夜送货或第二天上午送货，时间都很宽裕，大大减轻了供应商的负荷。

汇总订货生产，供应商把生产活动延期到极限，根据实际需求信息的投入，回避了库存风险。另外，分散配置工厂之间的共同配送中心，努力缩短交货周期。流通阶段也只是由共同配送中心以天为单位的库存方式，从几个供货商处搬入米饭商品、花样面包等进行运输用备货。在零售阶段，由于是以一个零售商为单位订货进货，结果是压缩了平均库存量，提高了库存周转率。

米饭商品的供给系统，是订货生产短循环流通，是最大限度的延期。

思考题

1. 商业从社会分工中独立出来是因其能节约社会的交易费用，可寡占企业为什么不再依靠商业销售，而要采取市场营销手段自行销售？

2. 生产厂家直接控制流通渠道的制约条件是什么？

3. 企业延期-投机的位置是如何选择的？

参考文献

矢作敏行．1996．現代流通：理論とケースで学ぶ．东京：有斐閣：第6章

石原武政，加藤司．2004．商品流通．吴小丁，王丽译．北京：中国人民大学出版社：79-88

田村正纪．2007．流通原理．吴小丁，王丽译．北京：机械工业出版社：142-146

Bucklin L P. 1966. A Theory of Distribution Channel Structure. IBER University of California

Gregor W T, Friars E M. 1982. Money/Merchandising: Retail Revolution in Consumer Financial Service. Cambridge: The MAC Group

词汇列表

寡占市场 oligopoly market
市场营销 marketing
非价格竞争 non-price competition
差别化 differentiation
异质化 heterogeneity
推式战略 push strategy
流通环节分化 distribution specialization
流通环节一体化 distribution integration
垂直一体化 vertical integration
功能替换论 functional substitutability
延期-投机原理 principle of postponement-speculation
订货生产 make-to-order
预测生产 make-to-stock
销售周期 order-to-payment cycle

第六章 零售流通

本章教学目的

理解零售流通的本质、零售竞争的特点及消费者行为对零售竞争的影响；了解零售形态的发展及各主导业态的技术创新点；掌握零售业态发展的理论。

零售流通是消费品营利流通渠道的最终环节，承担着物的保管和转移的功能。其专业承担者是零售商。消费者从零售商购买的虽然是商品，但实际上消费者得到的是零售商提供的流通服务。

零售商提供的流通服务，与一般的流通服务相区别，我们称之为零售服务。某零售商提供的零售服务中，至少包括备货品的量和质（形态分离）、店铺的地理分布和选址（空间分离）、营业日和时间（时间分离）的方便性，以及附带的信息和服务。

消费者为购买零售服务需支付所购商品的费用、汽油费等购物出行费用、购物时间，以及精神和体力等。零售商提供的价值反映在商品的零售价格中。零售市场的竞争是以这种价值创造为轴心展开的。所以即使是经营类似的商品群，零售商间的竞争也会采取多样的形态和手段。本章主要从流通机构分析的视角来探讨零售形态的变化。

6.1 零售流通的性质

6.1.1 零售活动的目标 5Rs

商品只有到了零售阶段，才可能实现从交换价值向使用价值的转换。零售流通是流通机构中与消费者直接接触最频繁的，满足消费者的需求，是零售流通的社会作用。

1988 年，戴维森在美国使用的零售经营论的标准教科书中，将现代零售流通的作用归纳为三点：①预见消费者或家庭的需求，并创造满足这些需求的备货品；②提供适合个人或家庭消费的小批量商品；③通过高效的交易处理、方便的营业时间和选址、有助于消费者决策的信息、竞争性的价格等，灵活地进行价值交换。

下面与第一章中的供求结合论相对照，在①中，最先提出作为供求结合基础的零售环节中的备货形成活动。在②中，把备货形成活动中物的量从大批量变为小批量，这也是作为零售功能所强调的。在③中，从价值交换的观点，论及零售服务的方便性，列举了促进交换顺利进行的货款支付等交易处理、时间、选址、信息、价格等各要素。

零售商的确是在赢利流通渠道的末端为商品的价值实现付出最后的努力。其具体活动可大致分为进货和销售。进货和销售活动通常由 5Rs 构成，即零售活动的目标是“在适当的时间，适当的场所，以适当的价格，提供适当量的适当商品”（美国市场营销协会对推销的定义）。这 5 个适当的（right）活动，便是 5Rs。

“适当的商品”是指满足各类消费者需要的商品种类、品牌、颜色、尺寸、样式等。

“适当的价格”是指具有能够吸引目标顾客的魅力，又能确保投资利益的价格。

“适当的量”是指给予消费者购买时的各种不同的选择机会。基本来说，小包装可减轻消费者的库存负担，但若兼顾价格和消费量，5 个、10 个一包的大包装也受到很多消费者的欢迎。

“适当的时间”以能否在消费者想购买的时间提供商品来判断。营业时间和休业天数，都是重要的条件。

“适当的场所”由店铺选址、商品构成、店铺设备、陈列比率来决定。零售竞争非常重视空间要素。容易吸引顾客的店铺选址和便于购买的店铺设计，是零售竞争的要点。

5Rs 战略随着环境条件变化而变化，如经济的变化和人口动态、价值观、技术革新等，对消费者行为有很大影响，这些影响表现为零售系统（retail system）结构的变化。

6.1.2 零售市场的多层次空间结构

零售市场的空间结构由消费者的购买范围来决定。因此，零售市场的空间结构会受到地理条件的制约。消费者每天的购买行为，一般是以离居住地点不太远的生活圈为单位的。由于零售商业集聚的魅力和消费者的购买动机不同，购买行为很多时候是在更广的范围内进行的。这便形成了复杂的空间结构。

零售空间结构也叫作商圈（trading area），它是指零售商业集聚或零售店铺吸引消费者的地理范围，或者说是消费者购物行动的范围。商业集聚（retail agglomeration）是指零售店铺聚集在一起的区域或大型设施（包括自然形成的商业街和规划建设的大型购物中心）。通常商圈划分是以来店顾客中 75%～80% 的人居住的区域为一级商圈（primary trading area），15%居住的区域为二级商圈（secondary trading area），剩下的是三级商圈（fringe/tertiary trading area）。

以城市和地域为单位来看，店铺和商业集聚的商圈的结构不仅几层重叠，而且大商圈中通常包含着几个小商圈，呈现出锁链状的立体结构。我们把这种大商圈叫作上级中心地（central places of a higher order），包含其中的小商圈叫作下级中心地（central places of a lower order）。上级中心地因人口增加和交通网完备，具有很强的中心性（centrality），比下级中心地吸引顾客的能力强。消费者根据购物机会使用不同商圈。各地消费者购物调查结果表明，在居住地的下级中心地购买比重大的商品有食品和药、化妆品、日用品、杂货等；而服装、钟表眼镜、家具、实用衣料、电器制品等商品在上级中心地购买的倾向较强。

6.1.3 零售形态的多样化

零售市场的另一个特点是零售形态多样化。零售形态可以细分为营业形态和组织形态，组织形态又可以细分为企业和企业间两个层次。

零售店铺的形态，是按主营商品的业种和经营模式的业态划分的。业态（type of operation）即营业形态，在零售业中与“业种”（kind of business）即营业种类对应使用。业种是以零售商“经营什么”来分类的，而业态是以“怎样经营”来分类的。一般来说都把业态理解为是与流通服务水平乃至零售组合相关的。零售业态以店铺销售还是无店铺销售、面对面销售还是自我服务销售及进货特征为基准，分为一般零售店、专门店、便利店、食品超市、综合超市、百货店、廉价商店、家居中心、无店铺销售（邮购、访问销售、售货机）（石原武政，2000）等主要形态。

按企业层次分类有单店、多门店、连锁店，或个人、法人、互助合作等形式。

企业间关系层次是在垂直流通系统中论述过的加盟连锁、自由连锁等契约型零售连锁组织，以地区为单位的商业街、购物中心等集聚型组织，以及按厂家系列组织分为系列或非系列组织。

从零售业态来看，零售竞争分为同业态间竞争（百货店对百货店）、异业态间竞争（百货店对超市）及垂直竞争（超市对厂家系列组织）等三种类型。随着新的零售业态的出现，零售业态间的竞争首先以异业态间竞争为轴心展开，新业态一旦取得胜利，竞争焦点便转移为同业态间竞争。这是历史的规律。

零售业态的多样化是近代零售商业的最大特征。图 6-1 概括了日本零售业发展的状况：第二次世界大战后初期，只有几家百货店和大量一般商店及专门店。20 世纪 60 年

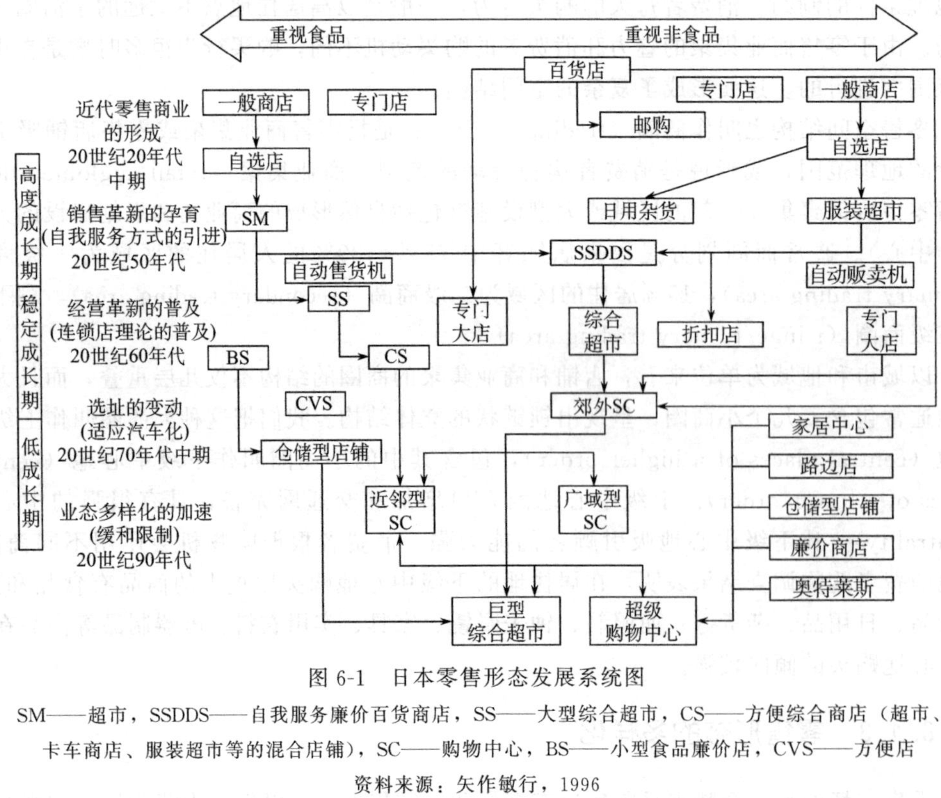

图 6-1　日本零售形态发展系统图

SM——超市，SSDDS——自我服务廉价百货商店，SS——大型综合超市，CS——方便综合商店（超市、卡车商店、服装超市等的混合店铺），SC——购物中心，BS——小型食品廉价店，CVS——方便店

资料来源：矢作敏行，1996

代以后，零售形态开始多样化发展。这是由于消费者对零售服务的需求，因生活方式、收入水平、交通手段、价值观的变化而多样化了。零售企业在同形态间的竞争中，也展开差别化竞争。这使得新的形态不断出现。另外，人与信息的活跃，也带来世界上最新零售形态的动向，刺激着各企业的业态战略。

零售形态与零售市场的空间结构有着密切的关系。在零售形态战略中，店铺规模要适合商圈的大小。一般来说，营业面积在1500平方米的超市，一级商圈的半径约为1000米，时间距离在10分钟以内，这是行业共识。

6.2 零售形态的发展历史

今天，我们所看到的零售形态各种各样，如百货店、食品超市、邮寄销售、购物中心等。这些零售形态多数都起源于欧美，而且在美国的发展也最有秩序。因此，在理解各种零售形态特点的基础上，了解以美国为中心的零售形态的形成及发展状况是有益的。

6.2.1 百货店与邮寄销售

在近代，作为革新的零售业态，最先出现的是百货店。一般认为第一家百货店是1852年阿里斯蒂德·布西哥（Aristide Boucicaut）在巴黎开设的邦·马尔谢（Bon Marché)。其后，百货店在欧洲各地及美国19世纪中叶南北战争（1861～1865）前后得到迅速发展，纽约的梅西（Macy's)、费城的瓦那梅卡（Wanamaker's)、芝加哥的马歇尔·菲尔德（Marshall Field's）相继开业。

百货店（department store）与以往的零售店比，有几点重大的革新特征。

第一，取消了以往零售交易时在店中的价格交涉，以对任何消费者都在平等定价(明码标价)、现金交易、自由退货、保证质量等条件下进行销售。结果是商店一方不再需要很多会讲价的营业员，也不需要赊账，从而降低了费用并能接待更多的顾客。对于消费者来说，即使不想买东西，也可以轻松地进店，购物可以不必进行价格交涉，也不必再担心质量了。百货店以这种革新的方法，把低价格、大量销售作为目标。

第二，百货店就像其名称“department store”一样，具有按商品类别构成的部门组织，采取以部门为单位进货、管理和销售的方式。

第三，把种类繁多的以选购品为主的商品集中在一个建筑物中经营，消费者可以在一次购物中对各种商品进行比较购买。百货店大都在大城市的中心选址，作为近代最早的主要零售流通革新，巩固了地位。后来店铺规模不断扩大并且装修豪华，成为现代大城市的象征。

百货店产生和发展的背景之一是城市人口的增加。但与此同时，我们还应该看到这也是产业革命的结果——机械化工业生产，提供了大量品质稳定的商品。人口向城市的集中，为城市中的百货店创造了更大的需求；机械化工业生产，使百货店低利润、高周转的大量销售得到供给方面的支持。

随后，在美国，百货店满足了城市需求之后，为满足农村分散需求的邮寄销售

(mail-order) 也发展起来。当然邮寄销售的方式以前就存在。到 19 世纪末，西尔斯 (Sears, Roebuck and Company) 等大型邮寄销售企业出现，其规模得到迅速扩大。邮寄销售迅速发展的直接原因是 19 世纪末开始的美国铁路和邮政事业的发展。邮寄销售商通过大幅度降低进货和销售费用，很好地满足了农村消费者的需求。当时邮寄销售的心脏——配送中心的效率化十分引人注目，后来在汽车生产中引进流水作业方式的亨利·福特一世，曾到西尔斯来参观配送中心，作为参考。

6.2.2 连锁店

继百货店和邮寄销售之后出现的零售革新是连锁店。所谓连锁店 (chain store) 是指单一的企业拥有相同类型的很多店铺，并对其统一计划管理的零售形态。

零售店为了开展销售业务，针对消费者的小规模分散性，只能小规模地存在。这是零售店的一个特点。每个消费者只有很小的需求规模，且很分散，去远处的店铺购物会产生距离阻力，所以单体的零售店所能吸引的需求，即使是在大型商业集合中与厂家相比也只是很小的规模。可是在零售业中，进货等方面也存在着规模效益。为了解决这一矛盾，就出现了连锁店这一形式。

百货店是按商品部门分工，通过每个部门各自进货，统一销售管理，就可以成为大型商店，提供一次性购物和比较购买；而连锁店一方面是进货和销售分离，以在大量分散的店铺中的销售来满足分散的需求，另一方面通过连锁总部统一进货和促销而得到规模利益，特别是当时的连锁店的每个店铺规模极小，所以店铺数能够迅速扩大。百货店是以强调店铺规模为特征的，而连锁店则是以强调店铺数量为特征的。初期的连锁店的店铺数是急剧增加的，而到 20 世纪 30 年代，连锁店又朝店铺规模扩大、店铺数减少的方向发展。

百货店的大型化受到制约，因为只靠单店发展，销售额的扩大会受到制约。邮寄销售以无店铺销售克服了零售业本质上的小规模分散性的困难。而连锁店则是在增加店铺数量中克服了这一制约，这是经营管理上的一大革新。连锁店通过多店铺而形成的大量销售能力，提高了进货中的谈判能力，进而自己策划商品，形成自有品牌 (private brand)。

19 世纪中叶，在食品部门由 A&P 正式开创连锁店方式，随后由小百货店向日用杂品等方便品领域转换，后又向以服装为中心的选购品领域扩展。到第一次世界大战 (1914～1918 年) 后，发展到更多的城市，以私人汽车的发展为背景，连锁店有了更大的发展。到了 20 世纪 20 年代，连锁店已有了相当的势力。由于 20 年代大危机时，一年只发行几次的商品目录经常修改价格并非易事，所以最初的邮寄销售便以连锁店店铺销售的形式进入，以此来顺应美国社会的变化。到 1929 年，连锁店在全国零售业中店铺数占 10.8%，销售额占 22.2% (这一数字是对有四个以上门店的连锁店统计而来的)。

当然，对于连锁店的发展，被追到穷途末路的单体零售商和作为他们主要交易对象的批发商展开了反对运动，制定了对各州连锁店的惩罚性课税和限制连锁店大量进货时享受进货价格优惠的《罗宾逊·巴特曼法》。然而，单体零售商只靠法律限制是保不住传统的商业方法的，他们也开始了连锁操作，即单体零售商互相联合，建立了与大型的全国性连锁店抗衡的集中进货机构，在保持每个店独立性的同时，得到连锁店的利益。具体方法有批发商主宰的自由连锁（voluntary chain）和零售商共同自主的合作连锁（cooperative chain / collaborative chain）。

6.2.3 超市（supermarket）

1929 年 10 月 24 日，美国股市暴跌，之后美国经济陷入大危机，失业人数猛增，消费者购买力低下。食品超市就是在这种情况下出现的革新型零售业态。超市的基本特征就是大胆的低价销售，以提倡顾客自我服务来削减费用并设定品类利润率。其中，以品类为单位设定利润率与以往的销售方法相比是极大的革新。传统的商店各品类采用大致相同的毛利率，而超市有些特定的商品以极低（有时甚至比进价还低）的价格销售，其他的商品品种也比传统的商店要低，但不是相同的毛利率。另外，传统商店的特卖带有很浓的处理商品的色彩，而超市把超低价格销售作为吸引顾客的手段。这种超低价商品的目的不在于该商品本身的利润，而是在于吸引顾客从而扩大其他商品的销售额。其中低于进价销售的商品叫作促销商品（loss leader）。1910 年，自我服务（self-service）方式就已经出现了，后来被超市正式采用，并成为其一大特色。还有一点需要指出的是，关于商品的筹集，当时已有了大型机械化工业设备，超市可以从因经济危机销售额下降的制造商处低价进货。

超市以 1930 年 8 月美国人迈克尔·库仑（Michael Cullen）在纽约长岛开业的金格·卡伦店为开端，后来以 A&P 为首的大型连锁店也相继转型为超市。由于 20 世纪 30 年代对连锁店的门店数以税法加以限制，超市的店铺也开始朝大型化发展。另外第二次世界大战以后，超市朝服装、耐久消费品领域扩张，出现了革新的廉价商店的零售业态，并以自我服务和低价格高周转为招牌，取得了很大的发展。

6.2.4 购物中心与现代邮寄销售

第二次世界大战后，美国零售业的另一个巨大变化就是计划型购物中心（shopping center / mall）的发展。城市中心拥挤和住宅地贫民区化，使城市中心魅力下降，人口向郊外移动。人口向郊外移动的结果使很多市内繁华区的商业区开始衰退，取而代之的是在很多城市郊外出现了计划型购物中心。计划型购物中心的前提是人们向郊外迁移和用私人汽车购物。购物中心按其规模可分为近邻型、地域型和广域型。

近邻型购物中心（neighborhood center / community center）是指规模较小的购物中心，主要经营食品、日用杂货、药品等方便品。核心店铺（anchor store）一般是食品超市，其他店铺主要有食品店、药店、杂货店、理发美容店、洗衣店、修理服务、加油站等。店铺数一般在 10～15 家，总面积 3000～10 000 平方米，停车 50～100 台，商圈 1000 户、人口 3 万～5 万人，选址一般在住宅区的主要街道边沿。

地域型购物中心（regional center）是指规模居中的购物中心，除了方便品外还经营服装纺织品、家具、电器等选购品。核心店铺一般是中小型百货公司、综合超市等，店铺数20～40家。总面积1万～3万平方米，停车100～400台，商圈5000户、人口3万～10万人，选址一般在接近住宅区的主要道路边沿。

广域型购物中心（superregional center）是指大型的购物中心，经营几乎所有的商品，核心店铺至少有两家以上知名的百货公司，除了零售店铺，还设有银行、邮局、诊疗所、文化娱乐设施等。店铺数50～130家，总面积3万～10万平方米，停车500～4000台，商圈3万户、人口10万～25万人。选址主要在城市郊外主干线道路边沿或高速公路出入口附近。

以往的邮寄销售，最初是以商业设施相对不足的地区为主要目的地，其后又是以综合性备货为特征。而从20世纪70年代后半期开始，备货更精练的所谓“现代型”邮寄销售的发展，成为明显的趋势。即以商业设施林立的城市中的消费者为目标的邮寄销售。现代型销售兴起的背景中，电子计算机的发展、科学技术的进步、送货系统的发达、信用卡的普及、对方付费电话的出现等原因是不可忽视的。但更重要的原因是：①希望节省购物时间的职业妇女增加；②针对消费者需求的极其多样化，邮寄销售能根据不同类型的消费者很容易地进行更细分化的备货。

6.2.5 折扣店和廉价商店的发展

从20世纪80年代到90年代，美国的零售业又一次发生了巨大的变化。这就是折扣店（discount store）的发展。其中最具代表性的是一直居于全美零售业顶点的西尔斯公司（Sears，Roebuck and Company），1990年让位于折扣店沃尔玛。

像沃尔玛这种以非食品为中心、经营品种广泛的业态，叫作综合折扣商店。另外，沃尔玛的特色不是定期降价销售，而是天天低价（EDLP，Every Day Low Price）。但近年来廉价商店（off-price retailer）与以食品为中心的超市结合，成为一种新的业态——巨型综合超市（hypermarket）。沃尔玛也以这种新的业态开设了数家门店。

与此相反，在特定商品范畴内专业经营并实现低价格大量销售的是大型廉价专业店，在美国被称为品类杀手（category killer store），如比较有名的玩具店Toys“R”Us、体育用品店Sports Authority等。以这种大型廉价专业店为核心店而形成的购物中心，叫超级购物中心（power center）。

此外，还有采取会员制，在仓库式卖场内同时进行批发、零售的仓储会员店（wholesale club），廉价销售厂家或百货店积压商品的工厂直销店即奥特莱斯（factory outlet），等等。各种廉价形式的零售业态发展起来。

以综合廉价商店为首的折扣销售的零售业态，20世纪80年代以后在美国迅速发展的原因有很多，如市场环境方面的原因。80年代，贫富差距拉大、通货膨胀；80年代后半期到90年代初期的经济衰退，使消费者对物价变动敏感，这些都影响着购物方式。毫无疑问，市场环境的变化是促进廉价零售业态发展的因素。但是，原有的零售业态无法适应市场环境的变化，在这个缝隙之间，新兴的廉价经营者采取信息技术等手段降低成本，抓住了这个发展的机会。

6.2.6 便利店

在美国，便利店（convenience store）是20世纪20年代由7-Eleven最先开始的。但其真正的发展是在50年代，大型超市的发展使原有的食品店衰退、从街角消失。今天，在美国有6万个以上的便利店在运营。这些便利店的特点是：第一，其中65%是与汽油站并设的；第二，到20世纪70年代末主要目标为蓝领阶层，进入20世纪80年代以后扩展到更广的阶层。便利店通常有100平方米左右的营业面积，是以就近购物和营业时间长、方便消费者为宗旨的零售业态。

便利店虽然诞生于美国，但其作为主导业态迅速发展却是在日本。日本的便利店始于大型综合连锁店伊藤洋华堂，伊藤洋华堂通过与美国公司合作，1973年开设了日本7-Eleven店。其后，便利店持续快速发展，在日本成为代表性零售业态之一。

便利店以独身者和学生为目标消费群体，他们在空间上和时间上都对便利性的要求较高，所以便利店的营业时间平均超过16小时，为较小的商圈提供了方便。另外，便利店毛利设定得较高，备货排除生鲜食品，以加工食品、日用杂货、书籍及快餐食品为中心，集中于商品周转率较高的3000左右个品种。虽然备货浅，但也能够满足顾客的一定需求。因此，便利店有必要缩小目标市场，同时备货倾向于品牌商品。另外为了备货充实，避免脱销和减少库存，也积极引进了POS系统。并且从向顾客提供综合方便性的观点出发，开展了家庭邮送、照片冲印、洗衣等代办业务，以及销售电影剧票、复印服务等各种服务。

重视方便性的业态，除了便利店以外还有小型超市。小型超市经营的商品也有3000个左右的品种，和便利店相比，其特点是把生鲜食品重点摆放。由此，小型超市的主要目标顾客是主妇层，这和便利店以15～30岁的学生和独身者为主要目标不同。另外，小型超市营业平均时间为10小时。其中多数是作为自由连锁和合作连锁来运营的。

6.3 零售业态发展的理论

零售形态间的竞争变化引起很多研究者的关心。尤其在美国，零售形态的革新令人瞩目，并且总结出了关于发展规律的理论。

6.3.1 零售之轮理论及其缺陷

在解释零售业动态的尝试中，最著名的理论之一就是麦克奈尔（M. P. McNair）的“零售之轮理论”（Wheel of Retailing），这一理论是从零售店之间的竞争过程出发，以价格与其他零售组合要素的关系变化为焦点的。其主要内容如下：新的零售业态在很多情况下以低服务、低费用的营业革新及经营方法来实现低价格，并以此为招牌进入市场。由于革新者的这一价格诉求是基于其费用结构的优势，现有商店即便有革新的可能，也不能立即与之抗衡，所以可以吸引更多的顾客。但是，革新者的革新方法一旦成功，就会出现模仿者。对于模仿者而言，仅有相似的费用结构，已不足以成为有效的差别化手段，他们需要通过低周转高毛利品种的备货、提供送货和赊账的服务、进行店内装修和改善外观等，从而走上非价格竞争的道路。也就是说，最初以低服务、低利润为特征开始的新业态，在竞争过程中，肯定会逐步升格为高服务、高费用、高利润、高价格的业态。结果是再生出低服务、低费用、低利润、低价格的新业态的进入机会。新进入的革新型新业态，也会在竞争过程中向上升格，同样的情况周而复始地不断发生(图 6-2)。

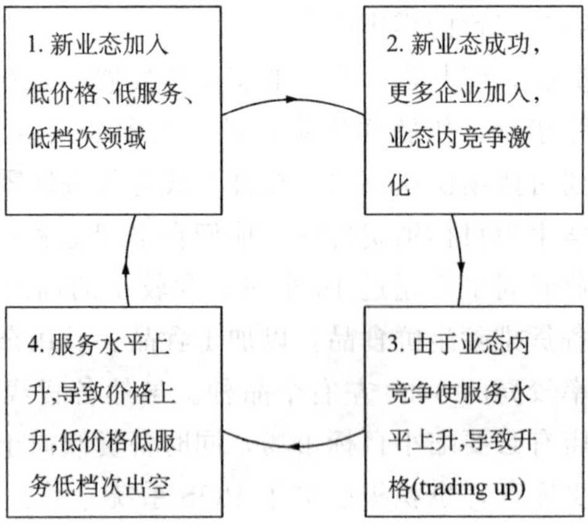

图 6-2 “零售之轮”假说

资料来源：McNair，1958

“零售之轮理论”很好地解释了零售业特别是美国零售业的发展变化。例如，当初以低价格为招牌出现的百货店，后来升格（trading-up)，结果又出现了廉价商店的低价格攻势，这些现象都包含于这一理论之中。

但是，“零售之轮”理论后来也遭到了质疑。其中最重要的是，在美国及其他国家，都发生了一些用“零售之轮”理论无法解释的现象。例如，在发展中国家，超市和其他现代化商店并不是以低价格进入市场的，在导入阶段主要是面向中高收入层的。另外在美国，郊外购物中心也是以中高收入层为对象，以高价格开始的，便利店也是以高价格出现的。

6.3.2 “真空地带”理论及其缺陷

针对上述现象，尼尔森（O. Nielsen）的“真空地带”理论作了更全面的解释，解决了零售之轮理论无法解释的问题。“真空地带”理论从零售店之间的竞争过程出发，来讨论有关价格与其他零售组合要素关系的零售业的发展变化。假设属于某一行业的零售商店提供的服务多种多样且经营同种商品，其中，服务的内容包括备货幅度宽、提供累计购物奖励等，并且服务的提供，反映该店的平均销售价格水平，服务越多价格越高。与此相对应，顾客对各种销售形态形成偏好，同时形成该行业顾客集团的偏好分布。

图 6-3 中，在该行业有 A、B、C 三店，各店的服务水平及与之相应的价格水平分别在不同的位置上，在顾客的偏好分布中，B 店处于偏好分布的对称重心，A 是所谓低服务低价格店，C 是高服务高价格店。A、B、C 间的竞争，具有使 A 和 C 向偏好分布中心移动的效果。这是由于，对于 C 和 A 来说，都想争取一些 B 的顾客，以扩大销售额，却不足以与 B 抗衡。所以 A、C 会向 B 移动，移动的界限是 A 到 A′，即 A 与 B 间能让顾客明显感觉到的差异。C 移动到 C′也是同样道理。当然，A′、C′的位置与 B 对 A、C 两店反应行为相平衡。然而，这种移动的结果是使 A、C 脱离了与 B 相反一侧的顾客（斜线部分），这一部分便没有了供给者。当这一层次的顾客量，足以支撑一个采用相应销售方式的商店时，便会有新服务方式的商店进入。从哪一侧进入取决于偏好曲线的位置、形态，以及原有商店受偏好重心吸引移动的幅度。上述“零售之轮”理论解释的现象是偏好分布曲线重心右移的结果，日本百货店激烈的价格竞争，是偏好重心左移的结果。发展中国家的现象，也可用分布曲线左移和向原有商店经营的左方偏移来解释。

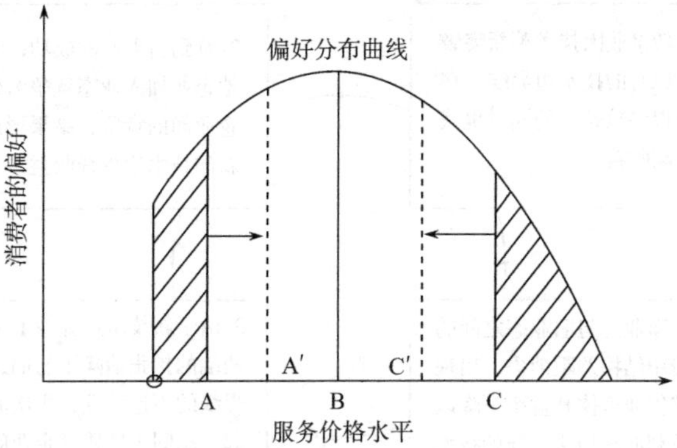

图 6-3　真空地带的形成

资料来源：矢作敏行，1996

总之，新业态从消费者偏好分布的两端加入，受“业态内”竞争的压力，会向偏好中心移动，于是两端部分形成“真空地带”。这种真空地带的存在，又为新的业态的进入提供了机会。真空地带理论由于明确地引进了消费者的偏好分布，所以很好地解释了高价格高服务新业态加入的原理，可以说比“零售之轮”假说更全面了。

“真空地带”理论也存在严重的缺陷。从理论上来看：第一，消费者接受新业态的理由不明确；第二，忽视了原有业态的反应，没有涉及（新业态与原有业态）业态间竞争的结果；第三，对零售竞争环境考虑不足；第四，能进行低毛利、低价格革新的源泉不明确。从现象来看，日本便利店（CVS）的迅速发展及日美两国无店铺零售业的发达都难以解释。

6.3.3　新零售之轮理论及其缺陷

针对上述问题，日本的中西正雄（1996）对“真空地带”理论（包括“零售之轮”理论）提出了种种质疑，并提出新“零售之轮”理论。

首先，中西正雄引入了“技术边界线”的概念，即任何时代，零售价格与零售服务水

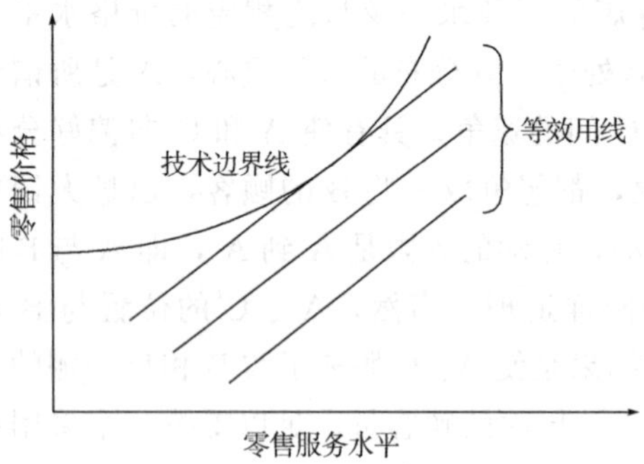

图 6-4 技术边界线与消费者效用函数

资料来源：中西正雄，1996

平的组合，都与当时的物流、信息技术及管理技术水平相适应而有一个限度，为了达到某一服务水平而必要的最低零售价格水平线叫作技术边界线，如图 6-4 所示。

新“零售之轮”理论（图 6-5）指出，由于有利的费用结构或（以费用为条件）具有高服务水平的流通技术革新，最先加入新业态的企业，只要先把技术边界线向右稍稍移动一点，便会具有相当的竞争优势。因此这些企业多数情况下（短期的）便会同时具有费用结构上的优势和竞争上的优势，在业态间竞争中获胜，得到可观的利益。

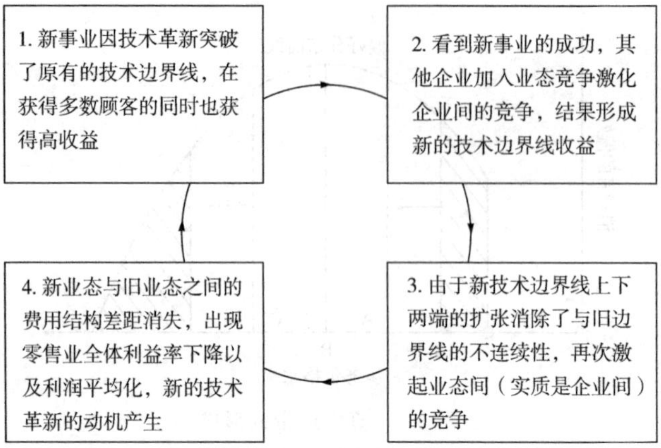

图 6-5 新“零售之轮”理论

资料来源：吴小丁，1999

知道新业态的企业获得显著成绩，后发企业便不断加入新业态。结果使业态内竞争激化，竞争企业有以下两种行为类型：①各企业在该业态特有的流通技术集合容许的范围，试图把技术边界线向右下移动；②由于新的技术边界线两端部分（与原有的边界线不连续重叠部分）特别具有竞争优势，所以会出现把技术边界线向上下扩张的行为。向上扩张时可看作与升格完全相同（当然向下扩张时，可看作是降格）。

新业态（革新的）流通技术集合并不是把整个技术边界线推向右下方，而只是其中一部分技术边界线向右下方推动（这是由于特定的技术集合产生的竞争优势范围是一定的）。同样道理，根据新技术的集合而形成的技术边界线的两端部分，是向原有技术边界线的方向弯曲的。另一方面原有业态也尽可能地采取新的流通技术，想要夺回竞争优势。结果这些行为清除了技术边界线的不连续性，原有业态的企业也能与新业态的企业平等竞争，从而形成业态间竞争（实质是企业间竞争）。

假定新业态企业为上述两种类型，这种业态内外竞争的结果是技术边界线上的各企业丧失费用结构的优势，新业态与旧业态之间的利润率趋于平均，这种零售业利益的平均化和（技术边界线上的）业态间竞争的再次展开，便是新技术革新的动机。

但是，中西的新零售之轮理论过于强调了业态生成中流通技术革新的重要性，过窄地考虑了革新性流通技术的适用范围。有的技术是很多业态广泛采用的（如分部门构成、连锁经营、单品管理技术等）。

总之，麦克奈尔的“零售之轮”并不一定总是在转（作为新业态出现的理论并不合适）。“真空地带”理论对现象的解释也是片面的。上述“零售之轮”及其相关理论，没有充分考虑业态间商品构成的差异（麦克奈尔将各种商品零售业以外的都看作是专业店），没有考虑目标市场的不同（百货店与网络销售的出发点不同）。实际上，新业态的萌芽产生于企业水平的竞争战略。“零售之论”解释的只不过是零售业态“出现、成长、成熟”过程的一种类型而已。解释零售业态发展演变规律的理论其他还有冲突理论、手风琴理论等，但任何理论不加批判地照搬过来解释新的现象都会有问题。

6.4 消费者行为与零售竞争

6.4.1 零售竞争的特征

零售店铺间的竞争有两个主要特点。

第一，竞争限定在一定的地理范围内。这是因为从购物起点到各店铺的距离对消费者选择零售店有重大的影响。我们知道，零售业大致分为店铺销售和无店铺销售。在店铺销售中，消费者为了得到流通服务，原则上是必须去零售商的店铺里的，而消费者购物出行的范围有其自己的界限，不难想象，在其他条件相等的情况下，消费者会选择离起点近的店铺。因此，某零售店的销售额，是受一定的地理范围内的购物人数及其起点分布的严格限制的。

单一零售店铺的顾客限定在一定的地理范围内，意味着零售店铺间的竞争也限定在一定的地理范围内。如图 6-6 所示，由于各店的商圈有相互重叠的部分，所以如果零售店 1 降低价格，便会引起零售店 2 对抗性降价，零售店 3 也会相应地对抗降价，这叫作零售店的锁链关系。但锁链关系并不是无限延续的，零售店 1 的影响经过的连续部分越多，影响越小，最后减少到微不足道的程度。因此，通常情况下，与某零售店铺有竞争关系的店铺，其地理范围至多也只是少数城市。

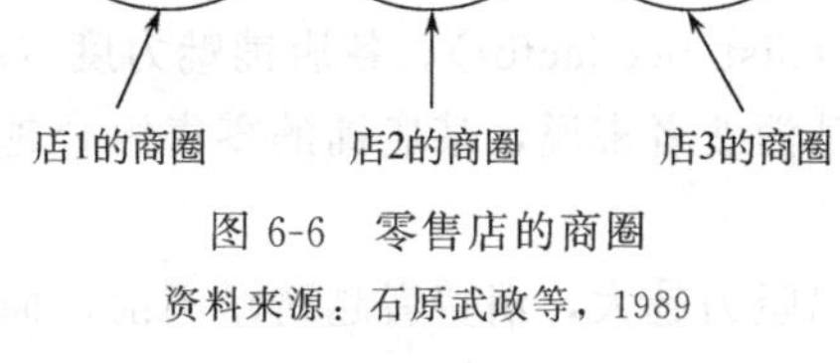

图 6-6 零售店的商圈

资料来源：石原武政等，1989

第二，零售商向消费者提供的流通服务及其条件是多方面的，因此，零售店之间的竞争是多元的。比如我们在买衬衫时，某店能提供丰富的备货和周到的服务，而另一家店在这些方面虽不如前者，但价格便宜。这种流通服务及其提供条件的组合叫作零售组合（retail mix）。不同的零售组合构成不同的零售业态，如百货店、专业店、食品超市等。所谓业态，不过是对零售组合粗略的概括，很多时候，同是百货店，各店铺的零售组合也有所不同。为了获得更多消费者的光顾，零售组合应该追求与竞争店铺的差别性优势。因此，应该把零售店之间的竞争看作多元的。本章中所讲的就是具有这种特征的零售业的竞争。

6.4.2 购物清单与店铺选择

零售店之间的竞争，是围绕消费者的光顾展开的。为了理解店铺间的竞争，有必要分析一下消费者是怎样选择店铺的。

消费者在购物时，通常都有一个购物清单，可能是写在纸上的，也可能是记在心里的。当然他并不一定把清单中的商品购买齐全，可能仅限于收集信息而进行延期购买，也可能冲动地购买清单上没有的商品。消费者对店铺的选择在很大程度上受到购物清单的制约。

零售店按经营商品的种类划分叫业种。通常，消费者的购物清单并不仅限于单一的业种。假设某消费者的购物清单涉及两个业种，经营其中一类商品的零售店的旁边就是经营另一类商品的零售店。也就是说，这两个零售店相邻接选址，当消费者的购物清单中包含双方业种的商品时，相邻选址对双方都有利。当消费者的购物清单涉及很多业种时，他就会选择规模更大的商业集聚。这样，消费者的店铺选择，还受到购物清单中其他业种商品的很大影响。

当然，消费者对商店的选择，除了购物清单，还会受购物的紧急性和利用的交通手段等购物条件的影响。

6.4.3 距离阻力与店铺魅力度

某消费者在一定的购物状态下，有了一定的购物清单，就要去购物了。这时，假定消费者对可利用的所有替代零售店的备货和价格水平等零售组合有充分的了解。如果对于他来说可利用的这些替代零售店，除了店址不同，其他所有方面都完全相同，他就会选择最近的商店。可是，如果近处的店铺魅力度很低，稍远一点的店铺魅力度更高，那么他也许会去远一点的地方。如果有个魅力度非常高的商店，但在遥远的地方，消费者也许会在近处的商店完成购物。因为去远处的店要多付出更多的金钱、时间、心理等购物费用，这些足以抵消掉店铺的魅力度。消费者从购物起点到达零售店时感觉到的费用产生的阻力叫作距离阻力（distance factor）。各店铺魅力度（store attractiveness）反映了各自的零售组合。对于某消费者来说，某店铺的零售组合越符合自己的口味，该店的店铺魅力度就越大。

这样，到某店铺的距离阻力越大，消费者越踌躇不前，而该店的魅力度越大，想去购物的愿望就越强烈。距离阻力和店铺魅力度二者可以相互抵消。

6.4.4 店铺印象与消费者偏好

消费者对店铺的选择依赖于各店铺的零售吸引力（retail gravity / retail drawing power / retail attraction），而吸引力是由距离阻力和店铺魅力度所决定的。零售店对零售组合的各要素进行操作，增强魅力度，以获得更多消费者的光顾。

然而，消费者并不一定把各替代零售店的零售组合都能详细记住，他所记住的只是很少的几个。比如，消费者并不是把服装店所卖的每件商品的价格都一一记住，而是总体上记住哪个店价格便宜，哪个店价格高，这种经过归纳在主观层次上对零售店的感知，叫作该店的店铺印象（store image）。前面消费者对各替代零售店的零售组合具有充分知识的假定，实际上不过是消费者对各替代零售店确立了与各自的零售组合相应的商店印象，对此具有十足的自信而已。现在，如果零售组合对距离阻力不发生影响，这种关系如 6-7 图所示。

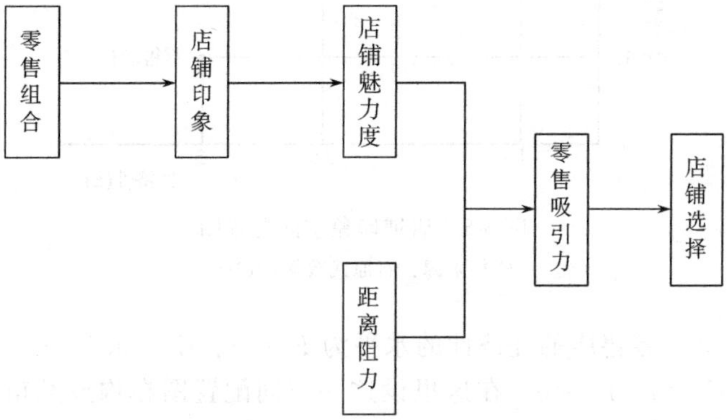

图 6-7 店铺选择的影响因素关系图

资料来源：石原武政等，1989

零售店店铺印象的竞争是以选址和距离阻力为根据的，是零售竞争极为重要的一个方面。在这里，为了讨论有关店铺印象的消费者偏好，首先假定某个消费者在一定购物状况下有了与某业种相关的购物清单；对于他来说，各零售店的店铺印象由经济性（与店铺内的平均价格水平是负相关的关系）与备货的流行性两项构成；当然，这样假定是为了论述简便，在实际当中，除此之外还要考虑到辅助设施、投资额、服务等方面，这里暂不涉及。

其次，假定对于这个消费者来说，只有 3 个零售店是他选择的对象，这也是为了论述简便；假设各零售店分别为零售店 1、零售店 2、零售店 3，它们的店铺印象如图 6-8 空间配置图所示。在图 6-8 的情况下，零售店 1 在经济性方面，零售店 3 在备货的流行性方面分别有相对优势，零售店 2 在这两方面都处于中间水平。

消费者在这个空间配置图中评价各零售店，偏好对于他来说最有魅力的零售店。消费者选择哪个店，依赖于他重视的构成店铺印象的经济性与备货流行性的比率，现在，如果零售店 1、2、3 的经济性的水平分别为 E_1、E_2、E_3。备货流行性的水平分别为

F_1，F_2，F_3，那么，对于消费者来说各零售店的店铺印象的魅力度如下计算：

$$A_1=W_EE_1+W_FF_1$$
$$A_2=W_EE_2+W_FF_2$$
$$A_3=W_EE_3+W_FF_3$$

式中，A_1，A_2，A_3是各店的魅力度；W_E是该消费者重视经济性的程度；W_F是重视备货流行性的程度，即该消费者看到的零售店1的店铺印象的魅力度A_1，是根据他对经济性的重视程度W_E和对备货流行性的重视程度W_F，以零售店1的经济性的水平E_1和备货流行性的水平F_1的比重合计所得。

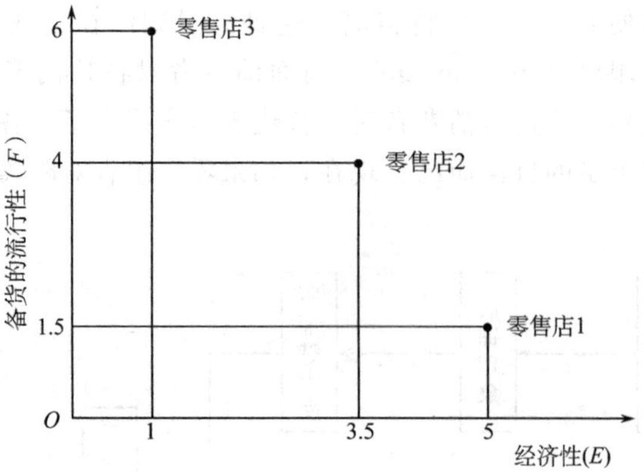

图 6-8 店铺印象空间配置图

资料来源：石原武政等，1989

根据图6-7，3个零售店的经济性的水平为$E_1=5$、$E_2=3.5$、$E_3=1$，备货的流行性为$F_1=1.5$、$F_2=4$、$F_3=6$。在这里设这一空间配置图在构成某市场的消费者间是共同的。并设属于这个市场的两个消费者，一个（消费者a）对经济性和备货流行性同样重视，$W_E=1$、$W_F=1$，而另一个（消费者b）是$W_E=2$、$W_F=1$，即消费者b比消费者a更重视经济性。表7-1的各栏表示的是：在这种状况下，各零售店的店铺印象对消费者a和消费者b的魅力度，如表6-1所揭示的那样，在这种状况下，消费者a偏好零售店2，消费者b偏好零售店1。

表 6-1 不同消费者对店铺的选择偏好

		零售店 1	零售店 2	零售店 3
		$E_1=5$ $F_1=1.5$	$E_2=3.5$ $F_2=4$	$E_3=1$ $F_3=6$
消费者 a	$W_E=1$ $W_F=1$	$A_1=6.5$	$A_2=7.5$	$A_3=7$
消费者 b	$W_E=2$ $W_F=1$	$A_1=11.5$	$A_2=11$	$A_3=8$

资料来源：石原武政等，1989

思考题

1. 零售店每天都在作新的营业尝试，各种各样新的零售业态层出不穷，为什么有的零售业态能够成为主导业态被全社会效仿，而有的业态却自生自灭或仅有很小的生存空间？

2. 零售业态的特征是由哪些条件决定的？

3. 讨论网络销售是不是新的零售业态，它与传统零售业是什么关系？

参考文献

木地節郎，吉田裕之．1988. 現代流通の課題．京都：啓文社

石原武政，池尾恭一，佐藤善信．2000. 商業學．东京：有斐閣

石原武政．2000. 商业组织的内部构成．吴小丁译．北京：科学出版社：2012

矢作敏行．1996. 現代流通 理論とケースで学ぶ. 东京：有斐閣

吴小丁．1999. 新"零售之轮"理论及其对我国零售业态发展的启示．财贸经济，(5)

中西正雄．1996. 零售之轮真的在转吗？吴小丁译．商业经济文荟，2006，(1)

Beckman T N, Nolen H C. 1938. The Chain Store Problem: A Critical Analysis. McGraw-Hill

Berry B J L, Parr J B. 1988. Market Centers and Retail Location. Prentice-Hall

Brown S. 1987. Institutional change in retailing: a review and synthesis. European Journal of Marketing, 2(7)

Brown S. 1987. An integrated approach to retail change: the multi-polarization model. Service Industry Journal, 6(2)

Hollander S C. 1966. Notes on the retail accordion. Journal of Retailing, 42

McNair M P. 1958. Significant trends and developments in the post-war periods//Smith A B. Competitive Distribution in a Free High-Level Economy and its Implication for the University. University of Pittsburgh Press

Nielsen O. 1966. Development in Retailing//Kjaer-Hansen M. Readings in Danish Theory of Marketing. Amsterdam: North Holland Publishing Company

Smith P E. 1960. Competing retail system: the shopping center and the central business district. Journal of Retailing, Spring

词汇列表

零售系统 retail system
商圈 trading area
商业集聚 retail agglomeration
一级商圈 primary trading area
二级商圈 secondary trading area
三级商圈 fringe/tertiary trading area
上级中心地 central places of a higher order
下级中心地 central places of a lower order
中心性 centrality
业态 type of operation

业种 kind of business
百货店 department store
邮寄销售 mail-order
连锁店 chain store
自有品牌 private brand
自由连锁 voluntary chain
合作连锁 cooperative chain / collaborative chain
超市 supermarket
促销商品 loss leader
自我服务 self-service
计划型购物中心 shopping center / mall
近邻型购物中心 neighborhood center / community center
核心店铺 anchor store
地域型购物中心 regional center
广域型购物中心 superregional center
折扣店 discount store
天天低价 EDLP，Every Day Low Price
廉价商店 off-price retailer
巨型综合超市 hypermarket
品类杀手 category killer store
超级购物中心 power center
仓储会员店 wholesale club
工厂直销店 factory outlet
便利店 convenience store
零售之轮理论 Wheel of Retailing
升格 trading-up
零售组合 retail mix
距离阻力 distance factor
店铺魅力度 store attractiveness
零售吸引力 retail gravity / retail drawing power / retail attraction
店铺印象 store image

第七章 批发流通

本章教学目的

了解批发的功能，以及批发流通分化和一体化的原因，理解批发业产生的原因。

7.1 什么是批发

7.1.1 生活中的批发

作为一般消费者，我们必须去零售店购买需要或喜欢的东西，来维持日常的消费生活。因此，如果没有零售业，我们会难以进行正常的消费生活。这一点，即使我们未曾意识到，但也是可以理解的。同样，对于生产者，虽然我们几乎没有直接接触，但周边琳琅满目的商品、随处可见的广告，令我们对这些生产者并不陌生。虽然最近由消费者自己动手“DIY”产品成了潮流，但如果有一天生产者真的消失了，我们想必也是难以适应的。

然而，提到批发商，我们也许会觉得有些遥远，因为其并不像前两者那样与我们的日常生活密切接触。有些人可能会认为：与零售商进行交易的就是批发商，或者大批量销售商品，依靠量的优势获取利润的是批发商。这些认识虽然都反映了批发商的某些方面特征，但是并不全面。随着厂家直销、大型综合超市的出现，批发商在整个商品流通体系中似乎越来越无足轻重了。究竟我们应该如何看待批发商，如何看待其在整个流通体系中的位置和作用？

7.1.2 批发商的位置

在第一章中我们曾经通过交易次数简化原理介绍了商人介入的理由：商人的介入大大减少了买卖双方的交易次数，节约了流通系统中的总费用，并且生产者和消费者的数量越大，商人存在的基础就越坚实。现在，随着社会工业化进程的推进，市场上生产者的数量成倍增加，而生产部门的扩大，又使得劳动者数量增加，并最终导致消费者数量的增加，这使得二者中间的商业势力不断增强，最终带来新一轮的社会分工，产生批发商（图 7-1）。

批发（wholesale）就是把商品和服务销售给以转售为目的的商业机构或以生产为目的产业用户的流通活动。与零售商直接向最终消费者销售商品不同，批发商的顾客是

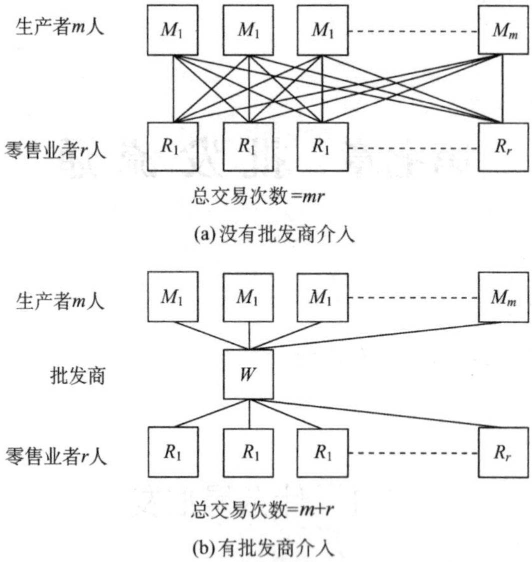

图 7-1 批发商介入与交易次数的关系

资料来源：田岛義博，1997

排除个人和家庭这些最终消费者以外的消费主体。因此，零售以外的商品销售活动都可以称为批发，它们包括：①向零售商销售商品的活动；②向工厂、饭店等销售原材料、生产资料的活动；③向学校、企事业机构等销售办公用品等的活动；④非直接向最终消费者销售的出口活动。

由此可见，零售与批发的区别在于它们的销售对象。以农产品为例，生产者既可以把农产品通过批发市场销售，也可以在路边直接向消费者销售，在这种销售渠道多元化的流通活动中，前者为批发，后者为零售。

不仅批发的销售对象是多样的，其上游的供货方也不仅仅只有生产者，还有其他的批发商。从这个角度来说，批发商是营利性流通机构之间的交易媒介。也正是这种“交易媒介”的角色，使得批发商的存在始终是随着上游生产者和下游零售商的状况的变化而变化的。这在后面批发商的分化及其一体化的内容中会有详细说明。

7.1.3 批发商的功能

1. 供求结合功能

批发商首先具有的功能就是供求结合功能。这是具有买卖集中和社会化性质的商业必然承担的职能，即形成中间结合部门，使社会必要的交易次数减少，这是交易次数节约或总交易次数简化原理（principle of minimized total transaction）。该原理以其提出者玛格丽特·霍尔（Margaret Hall）的名字被命名为霍尔第一原理。

在发挥这项功能时，批发商从许多生产者（供给者）那里购入商品，再向许多零售商（顾客）销售。在这个过程中，批发商所销售的，与其说是单纯的产品，不如说是各种商品形成的备货物。这里，批发商通过分散活动和收集活动形成备货。所谓分散活动，就是大批量进货，小批量销售；与之相对，收集活动，则是小批量进货，大批量销售。

2. 信息提炼功能

供求结合功能行使顺利的话，需求信息和供给信息就会集中到批发阶段。就生产者而言，批发商熟知哪个工厂、何时、以怎样的价格、如何迅速地生产什么样的商品。就使用者而言，他同样熟知谁、将在何时、以怎样的价格、需要多少数量的商品。即不同生产者的供给动向，以及不同零售业种和零售组织的需求动向等信息，都集中到了批发商手中。当然，批发商也知道联结买卖双方的运输手段、所需时间及费用。批发商据此对商品设定标准，并依照该标准对商品进行分类。我们把这些活动称为商品的标准化和商品的等级划分，它们是促进商品交易的信息创造活动。依据这些信息，生产者可以对生产进行调整，而零售商也可以更好地调整进货和销售，从而使供给过剩或供给不足等社会损失降到最低，这叫作信息提炼和综合原理。

批发商的备货活动，涉及大范围的采购圈和销售圈。通过备货，他们积累并且更新知识，并将这些知识传播给他的买方和卖方。在运输技术落后、通信手段不完善的时代，批发商作为市场信息的“蓄水池”，担当着重要的职能角色。这一信息传递活动，对于流通体制作用于广阔的时间和空间，是必不可少的。

3. 运输、配送功能

供求结合时，只是签订了契约和文件，并不等于发生了实际的消费活动，所以不把实物送到消费者和用户手里，便没有意义。因此，运输、配送等活动就必不可少。批发商或者自己进行这些活动，或者委托专业机构去做。相对而言，上面所说的交易损失最小化和信息的提炼、综合，基本上都只是由独立批发商来行使的功能。而运输、配送功能则是包括厂家销售公司在内的所有批发商所必须执行的功能。

4. 库存调整功能

商人的库存调整功能主要是批发商承担的功能。每个零售店短时期内（一天或一周）的销售量是不定的。从个别商品种类来看，这种变动是非常大的。如果按最大销售量进行库存，费用会过大；如果按最小销售量进行库存，不仅会出现断货现象失去销售机会，也会给消费者带来不便，导致消费者可能不会再来光顾这家。

因此，如果批发商能够集中库存，根据需要为零售店补充缺货，就不仅能减少零售店的库存、降低其不确定性的风险，同时还能降低社会总库存量。这就是不确定性蓄水池原理（principle of pooling uncertainty）或集中储存原理（principle of massed reserves），也叫霍尔第二原理。这一功能虽然主要是由批发商承担的，但批发商以外的商人也承担着一部分功能。

批发商有时使用自备仓库保管和装卸商品，还为订货准备装运并进行商品分类和订单的筛选等活动。保管活动的延伸，就是批发商自己组织商品的运输。只有批发商将自己的运输活动与库存商品保持完美的统一，有效地维持物流管理体系的畅通，才能在短时间内完成供货。为此，批发商必须保持充足的库存商品，尽可能地将仓库选择在利于向需求地运输商品的位置，并选择高效的运输手段。

5. 创造需求功能——流通金融功能和风险承担功能

创造需求是商人的重要功能，批发商自然也承担着这一功能。不过批发商的这一功能体现为与之相关的流通金融功能和风险承担功能。

如果生产在需求之前进行，就意味着厂家不确定生产商品的资金多长时间能够收回，以及能否全部收回（如是否会滞销积压）。这时，如果商人能够在消费者或用户的实际购买之前，作为假设需求购入，并向生产者支付货款，那么生产者就可以继续生产商品，但如果由于实际需求少，就可能出现滞销积压，而此时这一风险的一部分就由商人承担了。前者叫作商人的流通金融（marketing financing）功能，后者叫作商人风险承担（risk bearing）功能。这里的商人主要是指批发商。当然，厂家的销售公司是没有这种功能的。所以不依赖批发商的厂家，才会设立自己的销售公司。

6. 功能的延伸

批发商的活动，并不仅限于上述商品买卖活动中的运输、库存等物流活动，有些批发商已从买卖、物流的狭义流通功能向更广泛的活动范围扩大。功能延伸最明显的一个方向是向生产功能的接近，如生产出来的商品形态不能完全符合消费者和用户的需要时，批发商会按照要求进行增减、组装、包装等作业，改变其形态，这便是流通加工（distribution processing）功能。这种流通加工功能，在零售阶段较为常见，如鲜肉零售等，在消费品批发业中也很常见。这种功能在原材料，设备等生产资料批发业体现得更为明显。另外，更进一步向生产功能接近的是商品策划功能。

完成上述所有活动，批发商就同时参与了所有的生产要素流程——商流、物流、信息流、资金流。这种批发商叫作全功能批发商（full-featured wholesalers）。全功能批发商在大规模生产之前，作为流通体系的主帅指挥着一切。除特殊提示，下文中的“批发商”均特指这种全功能批发商。

7.2 批发业的产生

7.2.1 流通过程的分化

亚当·斯密的分工原理指出：分工受市场范围的制约（如图 7-2 所示，以下简称分化曲线）。用这个原理来说明流通过程就是，随着市场范围的扩大，流通过程会相应分化。商业分化的过程就是中间业者作为商业者在买卖双方之间的介入过程，这种介入将买卖双方的一部分活动剥离为商业者的活动。

商业分化过程包括以下部分。

（1）向批发环节和零售环节的分化。

(2) 向批发环节的一级批发环节和分散批发环节的分化。

(3) 向一级批发环节的收集环节和中转环节的分化。

(4) 中转环节的多层次化。

(5) 零售业的业态分化。

本章将讨论上述前四种分化过程。

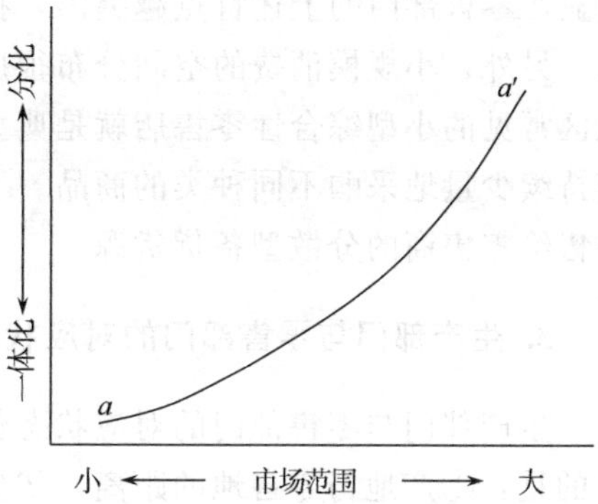

图 7-2　流通过程的分化

资料来源：田村正纪，2007

7.2.2　批发商介入的条件

前面我们已经提到，批发商的介入是商人介入的一个特例，不同的是，这一次商人不是介入在生产部门[①]与消费部门的交易之间，而是介入在生产部门与零售部门（或其他非消费部门）的交易之间。批发商能否有效率地介入取决于四方面条件：①生产部门的状态；②零售部门的状态；③生产部门与零售部门的分离状态；④商品的特性等。

1. 生产部门的状态

批发商介入的理想条件是生产部门由众多中小型的生产者构成，并且地理位置分散，专门从事特定商品的生产等。生产者数量越多，交易量、信息提炼与整合，以及多方联结经济带来的经济效果越能更有效地发挥出来。在生产者地理位置分散的情况下，批发商的介入将在交易次数简化原理的作用下减少运输衔接，节约交易费用。这时，信息提炼与整合的效果也会进一步扩大。

生产者专业从事特定商品的生产需要两个条件。第一是生产的迂回性。制作最终消费品的生产工序可分为若干阶段，生产者可专门从事某阶段的生产。例如，生产服装这一最终消费品，有纺纱、着色、织布、缝制等工序。各生产者在使各工序专业化时，生产就具有了迂回性。第二是生产者在部门内的横向专业化。比如不存在综合食品生产者，而是各生产者仅专注于特定的食品生产领域。

生产的迂回性越强，不同商品在生产部门之间的依赖程度就越高，交易的必要性也越强。批发商通过介入这些交易，节约交易费用的机会也就越大。生产者如果实现横向专业化，各生产者的备货就会变窄。这时，批发商介入的信息提炼与整合效果就更大。

2. 零售部门的状态

对于批发商的介入来说，零售部门的理想状态是众多零星的小零售商分布于广阔的地域，它们的备货要由多个生产者的产品组合而成。

因为零售部门与消费者直接交易，所以零售部门的结构主要取决于消费部门的特性。消费部门的特性是购买力较小，且空间距离分散。经济发展水平越低，这种倾向越

① 编者注：这里使用“部门”这个词，以区别于具体的生产者、零售商或消费者，而指代具有生产、零售或消费功能的承担者的总体。

明显，零售部门的上述特点越突出，批发商的介入就越能节约交易费用。

另外，小规模消费的空间分布很广，各零售商必须扩大备货，以确保销售额。农村地区常见的小型综合性零售店就是典型例子。为了扩大备货，就要尽量从更多的生产厂商持续少量地采购不同种类的商品。于是，客观上要求形成从厂家大批量进货、小批量销售给零售商的分散型备货货源。

3. 生产部门与零售部门的对应状态

生产部门与零售部门的对应状态包括若干方面。对于批发商中介作用来说，尤为重要的是：①产地与零售地的距离；②生产时点与零售时点的时间间隔；③生产者与零售商的备货差异等。

首先，产地与零售地距离越远，批发商的介入就会越节约交易费用。这主要是因为批发商的介入会节省大量的运输费用，如图 7-3 的简单模型所示。

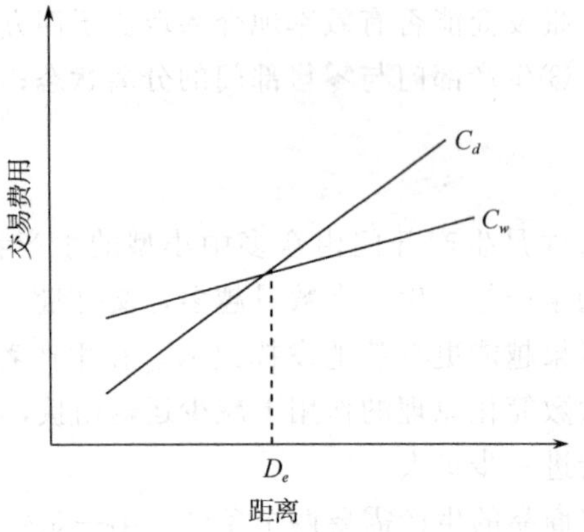

图 7-3 大量运输的经济效益

资料来源：田村正纪，2007

生产者与零售商直接交易时，商品的平均交易费用为 C_d，借助批发商后的平均交易费用为 C_w，其关系如下：

$$C_d = T_d D \tag{7-1}$$

$$C_w = T_w D + I \tag{7-2}$$

式中，D 为产地与零售地间的距离（公里）；I 为批发商的单位商品库存费用；T_d 为直接交易一单位商品移动 1 千米的费用；T_w 为间接交易一单位商品移动 1 千米的费用。

依据运输的规模经济，运输批量越大，单位商品的运输费用越低，由于批发商的运输批量大于生产者与零售商直接交易的运输批量，所以 T_w 小于 T_d。但借助批发商需花费库存费用 I，所以将式（7-1）和式（7-2）以曲线表示为图 7-3。由图 7-3 可见，运输距离大于 D_e 时，借助批发商更便宜。D_e 为 $C_d = C_w$ 时的距离。置换式（7-1）和式（7-2），且 $D = D_e$，得到式（7-3）：

$$D_e = I/(T_d - T_w) \tag{7-3}$$

式中，$T_d - T_w$表示大量运输所节约的费用。其数值越大，D_e越小，即大量运输节约的费用费较大，批发的库存费用较少时，这样，即使生产地与消费地较近，批发商也有足够的理由介入流通中。当然，这些必须更多地依赖物流技术。

其次，生产时点和零售时点的时间间隔，是指商品的生产时点到零售商进货时点的时间。该时间间隔受到多种因素影响，主要包括：①有些商品的需求随季节会有很大波动，生产却相对稳定；②有些商品的供给依赖于季节的变化，需求却相对稳定；③由于生产者是小型的，要将全部财力集中用于生产，在一定时期内就没有充足的资金用于该商品的保管；④零售商采取随买随卖的经营方式。

时间间隔越长，批发商的介入就会越降低交易费用。生产时点和零售时点的时间间隔使储藏商品的必要性变得更为迫切，这种因储藏需求应运而生的批发部门进行集中储藏，便形成了不确定性蓄水池，降低了风险，并且行使库存功能实现了规模经济，使节约交易费用成为可能。

最后，生产者与零售商之间的备货差异是指二者的备货各不相同。通常零售商的备货比生产者更宽时，就会产生备货差异，这时零售商从多个生产者处备货的必要性就提高。所以在批发部门形成中间备货同样提高备货过程的效率。

4. 商品特性

批发商的介入与哪些商品特性相关呢？最重要的是易损性和单纯性。

易损性是指商品的物理寿命或人们心里感觉其寿命的时间长度。如果商品易损度高，流通系统面临的重要课题就是尽量迅速地把商品从生产地点移动到消费地点。对于这类商品来说，形成中间库存会降低流通速度。反之，易损性低的商品会因为中间库存的形成而节约交易费用，具有经济意义。

单纯性是指商品的属性少、技术不复杂。如果商品的属性多、技术复杂，在商品的销售和使用方面进行相应的技术指导及提供售后服务等都是必不可少的。这些必要的知识和信息都掌握在生产者一方，这种服务只有商品的生产者才能最有效地完成，因而生产者不能完全委托批发商销售。反之，商品的单纯性提高，生产者才能较容易地委托批发商进行销售。

当存在以上条件时，商业者才会分化为零售商和批发商。零售商和生产者的一部分活动作为批发商的活动被剥离出来，就产生了专门从事批发交易的批发商。如此形成的批发环节在中介原理的进一步作用下，其内部也开始分化。这将在下一小节中讨论。

7.3 批发业的内部分化

7.3.1 垂直的分化

1. 向收集、中转、分散各层次的分化

经济发展开始迈向工业化阶段时，流通环境会在全国范围内发生种种变化。其典型的表现形式，如人口增加、市场的地理范围扩大、制造业的增长及同各国贸易的增加

等。这些变化并未增加商品种类，但作为生活必需品的食品、布料等相关商品的交易量迅速增加了。

在通信技术、金融机构尚不发达的情况下，上述变化并不会引起企业规模的扩大，而只会引起中小企业数量的增加及中小企业地域分布的更加广阔，零售业的状况也大致如此。由于交通体系尚不发达，人口还不会向大城市集中，所以零售业的扩大，仅表现为零星店铺数量的增加及其地理分布的扩大。此外，生产部门与消费部门的地理距离也不断增加。

批发业的内部分化（internal differentiation of wholesale）就是在上述环境中开始的。所谓内部分化，是指批发业内部，向收集、中转、分散各层次的分化。批发业内部的经由阶段，因商品和产业的不同，可能会分化为数个层次。以消费品为例，批发业最多可以分化为收集、中转、分散三个层次。活跃于这三个层次的批发商，分别是收集批发商、中转批发商和分散批发商。

2. 收集批发商和分散批发商

收集批发商（collection wholesalers）从多个生产者处，小批量地备齐质量各异的商品。然后按照不同的质量等级，分别集中成大批量的、不同质量的商品。而分散批发商（scattered wholesalers）恰恰相反，是从其他批发商处大批量地购入质量各异的商品，然后根据需求，按质分类，再以小批量交易发送到销售地点。也就是说，收集批发商是小批量进货，大批量销售；而分散批发商是大批量进货，小批量销售。中转批发商介于两者中间，其主要业务是调节两者的活动。

收集、中转、分散的层次分化，并非一蹴而就。批发业首先向总批发和分散批发分化。总批发，就是从生产者处直接进货，再转售给其他批发商的批发业务。随着经济的发展，有利于批发商媒介作用的环境也日益成熟，流通渠道结构的改变将促使批发业进一步向总批发层次和分散批发层次分化，从而起到更加节约交易费用的作用。

在总批发层次，依据商品或产业的不同，特别是在众多的小规模生产者广为分散的情况下，总批发层次必然会再分化为收集阶段和中转阶段。收集批发商的媒介作用，经常可再节约交易费用。农产品、水产品及生产原料等领域的收集批发就是典型的例子。

3. 中转批发商

中转批发商（interim wholesalers）从收集批发商处进货，然后销售给分散批发商或就在中转批发商之间进行交易。在前者交易中，其进货批量和销售批量都比较大。例如，在农产品批发中，收集批发商从各产地生产者处收集商品，再销售给大城市的中转批发商，由中转批发商销售给分散批发商，最后再销售给全国的零售商。由此可见，中转批发商媒介作用的重要基础，是大量运输的经济环境。

中转批发商有时也呈现出多层次的结构，并延长了流通渠道。中转阶段的这一特性，决定了中转批发商的另一重要媒介作用，这就是流通领域风险的分散作用。商品从生产投资到消费者付款的时间越长，商品流通的信用期限也就越长。其间，价格变动引起的市场风险也必然增大。这种情况下，怎样分散从生产到消费的商品流通所伴随的风险，就成为流通体系的重大课题。

例如，在以农业经济为中心的社会，回收账款所需时间较长，交易的信用条件呈长期化倾向。这是由于农业的信用条件依赖于农产品的收获周期，到了收割期，农民手中才会有现金。于是，面向农民的商品流通，必须解决长期信用条件带来的风险化解问题。而这一问题的解决途径，同样适用于生产、流通、运输等耗时较长的远距离交易。

在这种情况下，中转批发将流通渠道分成多个环节，并分散了风险。假设从生产到最终消费为连锁交易，其信用期为150天，如果我们增加中转环节，在生产至消费之间设定5个流通环节，那么各环节的风险仅为30天。连锁中转批发促成的多环节的渠道实际上成为分散风险的屏障。在需求、价格、汇率容易发生变动的商品流通和流通时间较长的国际性流通渠道中，这种多环节分散风险的屏障作用，至今仍被广泛应用。

7.3.2 空间的分化——批发商的商圈及其层次分化

批发商的层次分化，是伴随着空间分化发生的。而批发商业的空间结构，也正是空间分化的具体形态，它反映了批发商在空间层面上如何选址，如何收集商品，以及如何确定目标市场等状况。一般来说，生产者和零售商的地理位置较为分散，因而批发商的空间结构也呈分散状态。批发商业在不同空间出现的分化，就是批发商商圈分化的过程。

从微观的角度探讨空间分化，批发商包括三个层级。第一层级是地区批发商，其商圈为单个城市与该市周边的城镇、县乡。第二层级是地方批发商，其交易圈可能横跨数个地区。第三层级是遍及全国商圈的全国批发商，这种批发商在主要城市设立业务机构，是经营多店铺型的批发商。

批发业在不同空间的分化，与批发商在不同层次的分化紧密相连。全国批发商几乎都是总批发商和中转批发商。而地区批发商和地方批发商主要从事分散批发商的业务。除全国批发商、地方批发商和地区批发商外，与不同空间分化相联系的批发商类型，还有产地批发商，即当产品产地成为专业化基地时，专门从事产地收集活动的批发商。

我们把不同空间分化产生的产地批发商、全国批发商、地方批发商及地区批发商，对照其相应的批发层次，发现它们之间存在着一系列的交易关系。其交易的连锁行为是从产地批发商到全国批发商，再到地方批发商和地区批发商的。从这个意义来看，批发的空间结构，同时具有垂直的特点。

但这种垂直结构并非一成不变，而是随批发层次的跳跃性交易变化的。产地批发商可越过全国批发商，与地区或地方批发商直接交易；全国批发商也可将其遍布于各地的业务机构，建设成批发中心，与地区批发商和地方批发商竞争，吸引零售商。这些变化，往往是由流通环境的变化引起的。例如，物流技术的发展、生产者选址的变化、人口流动带来的零售商选址环境的变化，以及生产者和零售商的规模化发展等。

7.3.3 商品类别的分化

伴随经济发展的另一个分化，是商品类别的分化。它是指商人向社会专门提供某种商品或某产业商品的倾向。产生商品类别分化的理由如下。

第一，随着经济的发展，消费者人数和人口密度增加，从而增大了商人的市场规模。商人将经营品种限于特定范围内，仍可确保充足的市场。第二，随着经济的发展，商品种类多样化，批发商把经营范围限于某产业，仍保持着多样的商品品种。第三，专门致力于特定产业的商品，商人可在全社会范围内，有效地形成某些品种的专业经营，确保在竞争中处于优势地位。

7.4 批发业的一体化

7.4.1 商业一体化原理

商业的发展并非永远沿着分化曲线所描绘的方向前进。市场范围的扩大超过一定水平后，市场范围和流通过程关系，便由一体化曲线所支配了，商业一体化进程便取代了商业分化。

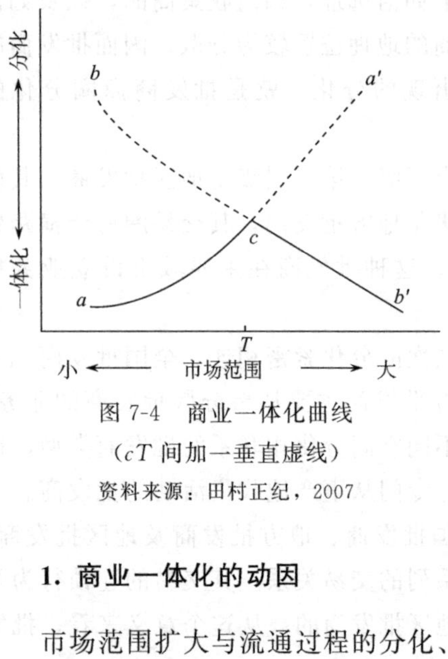

图 7-4 商业一体化曲线

（cT 间加一垂直虚线）

资料来源：田村正纪，2007

如图 7-4 所示，市场范围达到 T 后，代表分化曲线 aa' 就可能被曲线 bb' 取代。而 bb' 与分化曲线表现出完全相反的关系，它表明市场范围的扩大，不是促进分化而是促进一体化。从这个意义出发，我们将该曲线称作一体化曲线。

所谓一体化（commercial integration），就是由一个企业统筹地完成原本属于其他企业的职能。一体化发生在不同的流通环节之间，叫作垂直一体化（vertical integration）；在同一流通环节上，将原本其他企业执行的职能，由一家公司统筹完成，叫作水平一体化（horizontal integration）。

1. 商业一体化的动因

市场范围扩大与流通过程的分化、一体化之间的关系，用曲线 acb' 表示，这是一条在市场范围 T 具有拐点的曲线。当市场范围达到 T 水平时，流通过程的分化便朝一体化的方向逆转。它的直接诱因包括：第一，分化曲线背后的流通任务条件在经济发展过程中发生了质的变化；第二，捕捉这一市场机会的现代企业已经诞生。具体表现为五个方面。

（1）交通、通信的技术革新。交通技术的革新，给流通体系带来了巨大的影响。商人移动的地理范围、速度及规律性都提高了。交通工具的迅速发展，使得交通更加发达，邮政业务更加快捷而且便宜。另外，通信的技术革新，扩大了通信的地理范围，与此同时，传递的信息量、速度及其规律性都得到了突飞猛进的发展。由于交通和通信基础设施的完善，市场范围飞速扩大。流通的形态也发生了本质的变化，即市场一体化倾向取代了市场过程的分化。

（2）生产集中引起大型生产者的出现。在生产部门中出现了生产集中的情形。许多产业的生产者人数不断减少，大型企业开始出现，并以现代企业的身份担当起生产领域的主力军角色。所谓现代企业，就是由管理阶层来管理多个业务单位的企业。此前，生产者交易量的扩大曾受到生产能力的制约，现代企业以大量生产的形式解除了这一制约。对于现代企业来说，判断交易量多少的依据是能开发出多大的商品市场。大量生产的实现离不开机械化，而机械化就意味着提高总费用中固定费用所占的比重。于是，现代生产者为了维持自身的生产体系，就必须实现持续的大量销售。因此，怎样解决市场问题便成为其刻不容缓的课题。

（3）人口向城市集中，引起大城市的形成。交通和通信基础设施的完善，使得人口向城市集中。大型生产厂家位于交通枢纽的城市并从农村吸引劳动力。这个过程改变了生产者和消费者的地理位置，同时也改变了流通环境。被吸引到城市里的劳动力成为消费者。他们的生活必需品，大都以商品形式购入。其结果是消费者人数增加。人口向城市集中，创造了大型消费市场。以城市的集中市场为基础，出现了以城市为中心的零售店（百货店等大型零售商）。这些零售商与生产者共同形成大型业务市场，成为城市批发交易的需求基础。因此说人口的城市集中，不仅创造了集中于特定区域的大型消费市场，还创造了批发交易的业务市场。

（4）随着生产的机械化提高，商品的交易适应性增强。大量生产体制的确立，加强了商品适于交易的特性。为提高生产效率，厂家不仅推进了商品的标准化进程，而且还提高商品的储藏性和可运输性。同时商品的品牌化也增强了商品可识别的特性。

（5）大城市中现代流通业的形成。

2. 商业一体化的先驱——现代企业

上述流通任务条件的变化，改变了流通过程的分化原理，即完成了由分化曲线向一体化曲线的质的转变。流通体系开始步入另一新的轨道，其先驱就是现代企业。

传统企业并不单纯是生产型企业，还包括股份公司及所有权与经营权没有分离的企业。其企业活动具有单一经济职能、单一产品线、区域性市场等特点，这些企业必须要适应市场范围、商品特性及技术等外生环境条件。

与传统企业相比较，现代企业具有如下特征：市场范围、商品特性及技术等上述因素不一定是外生的环境条件；所有权与经营权是分离的；其组织由数个事业单位构成；具有不同性质的经济活动、不同性质的产品线和跨地区的市场。现代企业由专业管理者通过层级组织管理，中层管理者负责监督和调整生产和流通单位；高层管理者在调整和评价中层业务的同时，决定未来生产及流通的资源分配。

流通体系中的现代企业正是以这种组织革命为背景，自行创造了销售渠道的结构。现代企业将技术内生化，使流通渠道发生新的结构变化，并以此来展开交易战略。在这种情况下，技术作为流通运行条件，便成为现代企业经营革新的目标了。

总之，现代企业的创立，改变了原有流通渠道的结构，这种新的销售渠道，表现为批发一体化。

7.4.2 批发一体化的形态

批发一体化是流通一体化的典型，而批发一体化的典型形态则是批发的所有权一体化。所有权一体化的实施如下。

(1) 生产者设立自己的批发事务所，雇佣本公司营业员，替代从前由批发商承担的流通职能。

(2) 零售商替代原来的批发商行使购买职能。

(3) 多个批发环节一体化为更少的批发层次。

总之，从前由不同的企业，在不同的批发层次完成的流通职能，在由一个企业完成时，所有权的一体化便完成了。

所有权一体化后，随之发生的是批发系列化。当批发商的活动在实质上由生产者的组织承担时，批发系列化就出现了。批发系列化并非将既存的批发商活动一律实行所有权一体化，厂家也可以通过资本参与或派遣管理人员制约商人。下面我们将批发系列化与所有权一体化统一作为批发一体化来进行讨论。

1. 收缩型一体化

从起因来看，批发一体化可分为收缩型一体化和创建型一体化。收缩型一体化，是指批发层次的垂直一体化，以批发商媒介范围的缩小为起因。收缩型一体化的过程，与零售商向批发商的转化过程相反，也与批发内部的分化过程相反。该过程是在出现了削弱批发商生存基础的流通条件时发生的。收缩型一体化，是下列诸条件共同作用的结果。

第一，生产集中使得生产厂家数量减少并向城市集中选址，于是，大型生产者就出现了。生产厂家的减少及其地理位置的集中，削弱了信息集约整合的经济效益，减少了连接多个生产者的节约效益。因为，生产规模扩大后，生产者能够很轻松地达到能够获利的最适宜规模。生产者也可以不再为提高交易量而依赖于批发商了。这样一来，大型生产者，便在大城市开设自己的销售公司，来替代以前批发商的职能。

第二，城市化引起了集中市场的出现。事实上，城市化的影响是多方面的。首先，城市化成为大型零售商赖以生存的基础，且导致小店铺经营萧条，零售商数量减少并集中于城市地区，这同样削弱了批发商节约交易费用的经济效益，而这种效益正是由信息的集约整合及合并小店铺带来的。而且，集中于城市的生产者及产业用户的交易额也降到了最小和最适宜的规模，从而减弱了对批发商的依赖。

第三，服务于城市集中市场的运输、通信等基础设施完备及技术革新使得以同样的费用，可以获得越来越大量、快速、及时的服务。运输和通信技术的进步，削弱了从前批发商赖以生存的基础——不发达的交通运输和不准确的通信信息服务。

铁路的畅通，实现了向大城市大量运输货物，同时也实现了生产者在物流领域的规模经济效益。运输速度及时间精确性的提高，使得商品供应输送渠道可稳定地支持生产和需求。于是，由批发商形成中间库存的必要性也随之降低。因为，由中间库存来削弱商品配送的不确定因素的必要性已经不存在了。通信手段的发达，又减少了过去依赖于批发商处理市场信息的需求。

2. 创建型一体化

创建型一体化，就是改造不适应于现存批发体系的流通运行条件，取而代之的是生产厂家独立创建的流通运行环境。其先驱者就是以开拓市场、扩大经营为目标的生产厂家。在扩大现有产品的市场范围，以及开拓新产品市场的过程中，为适应商品特性，很多情况下需要新的流通功能。

但原有的批发商无法行使新的流通功能，而且批发商有时也不情愿承担新的功能。于是，一些具有企业家精神的生产者挺身而出，开始创建自己的营销渠道。创建型一体化，就是由生产者来完成流通革新的典型事例。

以往的批发商最难应对的商品特性是商品的破损性。商品的物理寿命和心理寿命短，商品破损度就偏高。生鲜食品就是商品物理寿命短的典型。由于胶片感光材料的灵敏度逐渐下降，所以黑白胶卷的物理破损性也很高。而时装及信息仪器等高科技产品，则属于心理破损性高的商品。技术革新开发出具有新功能的商品后，消费者便在心理上认为旧型产品是陈旧的过时商品了。

从发展的历史来看，创建型一体化首先出现在生鲜食品等领域。那些具有大型生产能力的厂家，必须克服商品的自身特性，去开拓全国市场。由于商品的破损性较高，冰块、精肉、香蕉、胶卷等生产者的市场范围都限制在相对窄小的地理范围内。扩大这类商品的市场范围，必须保证商品运输渠道畅通，使之遍及全国消费市场。这就要求加快流通的速度，尤其需加快物流及信息流的速度。

为此，必须开创新的流通活动并设立新的设施。其内容包括：采用预约订货等新的交易方式，确保提前备好所需销售量；设立流通中心、冷冻储藏仓库等物流设施；为管理好上述流通活动及设施，还要雇佣具有专业知识的员工。然而，以往的批发商既缺乏承担该职能的经营资源，又缺乏相关能力。于是，胸怀企业家抱负的生产者，放弃原有批发商，毅然创建了自己的新型流通渠道。他们为此支付的附加费用，被大量生产、大量流通的规模经济所节约的费用抵消。

3. 新产业中的创建型一体化

创建型一体化是由伴随工业化出现的新兴产业生产者完成的。这种新兴产业有产业机器、农耕器具、缝纫机等家用机械设备、汽车、家电产品、办公仪器、信息仪器等，其产品是技术革新开发的新型产品。这些新产品上市后，当然没有能够熟练处理它们的商人。该商品的流通渠道，尚处于待创建状态。

这种商品具有如下特征。

（1）标准化程度低。

（2）技术要求复杂。

（3）价格高。

这些特性，在客观上要求一种完全不同于标准商品的流通环境。

商品的标准化程度低，就有必要根据客户的特殊要求，提供独特的商品规格，即所谓定制化服务。商品的这种特性常见于工业品。消费品领域中，汽车及信息仪器等部分商品，也具有这一特性。

商品的技术要素复杂，也会产生种种不同的流通条件。第一，为促使商品流通，就有必要向顾客进行商品操作方法和使用方法的演示和指导。第二，商品的设置、保证商品的服务性能及当商品在使用过程中出现故障时，要对其提供相应的维修服务。因为不提供这种服务，就不能维持与客户的持续交易。总之，交易的对象已经从硬件的商品实体，转变为包括信息提供、维修服务等在内的一揽子软商品了。第三，有些商品需要特殊的物流设备。

再者，与顾客的收入水平相比，商品价格较高时，流通要满足消费者的有效需求。有效需求是由购买欲和支付能力构成的。也就是说，商家不仅要创造顾客的购买欲，还要在顾客的支付能力方面给予扶持。否则，该商品的新市场开发就不成功。为此，许多革新的生产者所采用的方法就是提供消费者信贷。这样一来，顾客便提前得到了未来的收入，具有了虚拟支付能力。家电、汽车等耐久消费品得以普及，这种消费者信贷业务功不可没。

实现上述新型流通环境，就有必要对传统批发商履行的流通职能进行革新和重组。在商品流通的所有权职能和信息处理职能方面，需重新定义商品的概念，强调具有专业知识的营业员要与顾客加强沟通。销售商品之后，交易行为并没结束，需要与顾客保持经常的联系。此外，消费者信贷等风险承担职能的执行方式也需重新定位，提供新的物流领域职能。

为了不依赖传统的批发商，自己完成新型的批发职能，革新派生产者以大城市为中心，设立了自己的批发事务所，培养专业营业员队伍、成立物流中心及创建信贷组织。快速增长的商品需求使这种流通投资成为可能，需求的增长不仅导致生产和流通领域实现规模经济效益，而且由于累计产量的增加，生产单位产品的费用会降低，从而实现了经验效益。商品高价格水平和充足的销售量，为该商品设立专业化的批发事务所提供了可能。从促进产业发展水平来看，在该产业的增长阶段，生产者向批发阶段进行垂直一体化的改造，尤其需要业内顶尖企业来率先推动。

7.4.3 现代批发部门的特征

批发一体化改变了批发部门的性质。现代批发部门包括不能称其为批发商的批发中介机构和厂家的销售公司。它们不构成综合市场的流通体系，因为它们是不经由商品的社会性调配而形成的流通渠道。例如，厂家的销售公司是生产者组织的内部化活动，所以，我们称其为整合批发。在这里，个别生产者的商品不参加社会性统筹安排，而是作为生产者的内部组织过程，介入批发阶段流通。

批发一体化使批发业被许多外部机构包围。这些外部机构，不仅是以厂家的整合批发机构为中心的综合部门，还包括与这些综合部门形成多种形式融合的批发形态。下面，我们从批发的营业形态以及上述外部关系入手来考察这种复杂的批发部门的结构。

批发部门的外部机构，是除传统批发业之外的从事批发业务的制度性组织，与传统批发业具有替代和补充的关系。从流通机构的范畴来看，这些外部机构具有如下的批发营业形态。

(1) 整合批发：生产者或零售商的批发机构。

(2) 系列批发：通过生产者组织的流通系列化，被吸收到系列组织中的批发企业。

(3) 限定功能批发：仅履行一部分批发职能的批发企业。

(4) 加工批发：除批发职能外，同时还进行加工活动的批发企业。

这些营业形态，不是全功能意义上的批发商，而是以各种形式参与批发交易，这些营业形态，以及这些形态间的交易关系和竞争关系构成了整体的外部结构。

流通功能具有机构替代性，因而批发商并不具有批发交易的垄断权。批发商在批发市场上要与整合批发、系列批发、限定权限批发、加工批发等展开竞争。批发商业部门存在于由外部结构决定的批发流通和替代关系之中，其相对地位，就取决于它与外部结构之间相互替代的关系。另外，批发商业部门又与外部机构存在互补关系。例如，加工批发就是发挥了这种作用的典型，它因取得了生产职能的一部分，从而得以维持批发交易的地位。

1. 整合批发

生产者或零售者在批发阶段推行垂直一体化，就形成了整合批发的营业形态。整合批发是生产者或零售商所属的批发机构，整合批发商经营形态的分类标准如下。

(1) 是生产者所有，还是零售商所有。

(2) 是独立公司，还是事务所。

(3) 是完全合并，还是部分整合。完全整合，是对完全职能批发商所履行的全部批发职能实行垂直一体化。而部分整合，是对一部分批发职能实行一体化。

整合批发的具体形态多种多样。有履行生产者销售任务或物流任务的分店、营业所，也有以独立公司的形式设立的销售公司，还包括连锁店的商品进货业务部，以及百货商店的仓库等。生产者和零售商实行的批发阶段的垂直一体化，常将上述种种形态的整合批发组合在一起完成。例如，生产者设立物流仓库负责商品的库存管理和运输活动，但仓库的所有权、风险及商品的传递等相关职能，则委托给以独立公司的形式成立的销售公司。这样的经营体系就是整合批发组合经营的典型。

2. 系列批发

系列批发，是大型生产者推行的流通系列化组织中的批发企业。所谓厂家特约批发店，就是系列批发的具体形态。与整合批发不同，从所有权看，系列批发是从生产者独立出来的一个经营主体，但其活动受到种种流通系列化手段的制约。因此系列批发在形成社会性流通调配方面，失去了灵活性，这是系列批发与一般批发的区别。系列批发也是商业剥离的一种形态，是某特定生产者的商品流通机构。

从生产者的角度来看，当整合批发不利于利润核算时，便出现了系列批发。整合批发需要生产者的巨额投资，而系列批发则更多地使用他人资本。另外，整合批发是将批发交易的一部分完全纳入自身组织的内部交易，而系列批发却并非如此。在生产商与系列批发商的交易关系中，市场因素与组织因素共存。由于他们有各自的经济利益和责任，所以他们的交易具有市场交易的性质；但这一交易又在契约的约束下进行的，所以他们的交易又具有组织性交易的特点。从这个意义上讲，系列批发可以说是独立批发商与整合批发的中间形态。

从行为来看，系列批发仍属于生产者的种种流通渠道体系内的活动。在生产者的流通框架下，要求系列批发如同生产者的销售公司一样行动。生产者流通渠道控制体系的具体手段，除上述系列化手段外，还向系列批发商派遣本公司的专职营业员，或者设立专卖组、专卖科、专卖部，实行人员联合，或者参与一定程度的资本投入，实行资本的融合。但这些方法仍不能让系列批发完全像自己的内部组织一样发挥职能，有时甚至还会出现利益的冲突。

系列批发常见于化妆品、胶卷、合成洗涤剂、食品加工等一部分产业。这些产业的特点是，生产集中度高，生产者与零售商的经营品种不一致。在这些产业中，下列结构条件阻碍了整合批发，让商品直接流向零售商。

（1）零售阶段对商品品种要求广泛，却没有能相应提供全部商品的生产者。

（2）商品价格低，购买频度高，交易批量小。

（3）零售商的选址分散。

3. 限定权限批发

限定权限批发，就是只行使特定职能的批发商。其有下列一些经营形态。

第一，直接送货批发。在确保零售商或使用者订货的前提下，让生产者把商品直接送给顾客。因此，直接送货批发商，不履行库存职能和运输职能。这种批发商，在物流经费较高的木材、石灰、金属制品等领域中尤为常见。美国有直接送货批发商，而日本没有。

第二，载货批发商。商品常备于送货卡车上，巡回于零售商之间，完成批发。因此，载货批发商的特点如下：①销售和交货同时进行；②现金交易；③只经营生鲜食品、冷冻食品等破损性较高的商品。载货批发商是一种走街串巷的批发商。这种批发形式主要在美国，日本没有。

第三，现金交易批发，即仅以现金进行交易，不向顾客运输商品。由于只完成批发职能，现金交易批发降低了交易费用，故可提供低价格的商品。日本和美国都有这种批发商，且规模很大。其主要顾客是小的零售店。

第四，邮购批发。无须营业人员，专门通过产品规格说明书，以邮购的方式经营。其主要顾客是农村的零售商及因其他原因而无法直接与批发商办理业务的零售商。

限定权限批发商的存在基础是整合批发的迅速发展。在批发部门由工业化带来的结构变化中，出现了整合批发和系列批发所残留的市场份额。可以说，限定权限批发，就是批发商对这种市场机会的尝试。

4. 加工批发

加工批发，除具有批发职能外，还具有生产职能。常见于在流通阶段容易加工的针织品和食品加工业。这类批发商自行购置生产设备或进行市场规划，并委托小型生产者生产和加工商品。这种加工批发商进行的生产和加工，又被称作流通加工。流通加工的产业特征有三个。①商品的加工度高。②最终需求对商品的特殊性要求多。③加工活动多为劳动密集型，加工生产者规模小。加工批发商值得注意的特点是：在整合批发和系列批发的发展中，传统批发商为维持生存而努力向新的方向寻找出路，但加工批发商已不是纯粹意义上的批发商了。

思考题

1. 传统批发商业为什么会衰落？
2. 霍尔第一原理和霍尔第二原理在网络销售的情况下是否仍然成立？
3. 信息革命与物流管理的创新对批发流通会产生什么影响？
4. "独家代理"、"特约经销"通常会是哪一类批发商？这种制度对生产者、零售商和消费者会有什么样的意义？

参考文献

铃木安昭，田村正紀．1980．商業论．东京：有斐阁

石原武政，池尾恭一，佐藤善信．2000．商業學．东京：有斐阁

矢作敏行．1996．現代流通：理論とケースで学ぶ．东京：有斐閣

田村正纪．2007．流通原理．吴小丁，王丽译．北京：机械工业出版社

田岛义博，原田英正．1999．流通入门．东京：日本经济新闻社

亚当·斯密．2005．国富论．唐日松，等译．北京：华夏出版社

Bucklin L P. 1972. Competition and Evolution in the Distributive Trades. Prentice-Hall

M·ホール．流通の経済理論．片岡一郎訳．東洋経済新報社

Stigler G J. 1951. Division of market is limited by the extent of market. Journal of Political Economy,(3)

词汇列表

批发 wholesale

交易次数简化原理 principle of minimized total transaction

不确定性蓄水池原理 principle of pooling uncertainty

集中储存原理 principle of massed reserves

流通金融 marketing financing

风险负担 risk bearing

流通加工 distribution processing

全功能批发商 full-featured wholesalers

批发业的内部分化 internal differentiation of wholesale

收集批发商 collection wholesalers

分散批发商 scattered wholesalers

中转批发商 interim wholesalers

一体化 commercial integration

垂直一体化 vertical integration

水平一体化 horizontal integration

第八章　流通政策

本章教学目的

理解流通领域的市场失灵及政府介入的意义，了解流通政策的结构及政策手段及流通政策的复杂性，从而进一步理解和掌握市场经济体制下流通的运行规律，了解我国相应的流通政策法规。

流通政策是社会公共机构（如政府）对社会流通活动的一种公开介入和干预，因此，是一种公共政策而非私人政策，具有公共物品的性质。

流通政策体现的是社会公共机构的价值判断或意志。这说明流通政策也是“主观的”，流通政策是“左”还是“右”，是“多”还是“少”，完全取决于社会公共机构的价值判断。因此，不同的社会经济体制、不同的文化背景、不同的发展阶段，甚至不同的社会公共机构的产生方式都会带来不同的价值判断，从而也就会有不同的流通政策。从这个意义上讲，流通政策具有时空上的差异性。

流通政策包含着自动变迁的机制或说具有动态可变性。既然流通政策体现的是社会公共机构的意志，而不是个别商品流通部门或机构的意志，那么，就意味着现实的流通政策有可能与某个具体的商品流通部门或机构的意志及其行为发生冲突，而这种冲突乃是流通政策变迁的重要诱因。

流通政策所涉及的对象是整个商品流通过程，因此，既有针对专业化商品流通部门的政策，也有针对生产者或消费者的政策（如“反不正当竞争法”、“零售商促销管理办法”）；既有法律、法规等强制性政策，也有行政“指导”或“劝告”等非强制性政策，也就是说流通政策是一个自成体系的系统，具有系统性。

8.1　为什么需要流通政策①

8.1.1　对市场机制的信赖

一般认为，在市场机制下，竞争能使资源得到合理分配。卖者之间的竞争是争夺买者，买者通过其购买行为，像选举中的投票一样表示自己的意志，卖者不能得到多数买者的支持就没有利益可言。这样，生产者就要努力去生产更便宜、更合适的商品。只要

① 参考石原武政等，1989。

有这种动力，商品就会根据买者的偏好以最低的价格生产出来。

不过，为使这种市场机制正常运转，必须满足以下几个条件。

第一，市场参与者的追求利益最大化。作为卖者的生产者，其远期行为是以自己的利润最大化为目标，而作为买者的消费者则根据自己的效用函数来行动，对同样商品要选择便宜的，但个别行为并不一定总是满足这一条件，这种偏离必须是在总体假定所允许的范围内。

第二，买者的独立性。当买者与特定的卖者紧密结合时，市场机制便不能正常运转。想要获得消费者品牌忠诚的市场营销活动，就会削弱市场机制的作用。

第三，信息的完全性。无论是卖者还是买者，在决策时必须要掌握关于市场竞争状态和相互行为的正确信息。如果消费者不是基于完全信息来行动的话，生产者就不能正确地解释需求信息。例如，商品不能达到一定的销售额是消费者偏好的反映呢，还是信息不完全的结果？这是难以确定的。即使消费者是根据完全信息行动的，其结果如不能迅速反应给生产者也没有意义。在这种意义上，向消费者传递供给信息和接受其需求信息才是商业重要的社会功能。市场营销的信息提供与收集活动从一个侧面加强了市场机制在这方面的作用。

第四，决策与行为的易变性。生产者即使发现了更好的获利机会，如果存在改变的障碍，那就不得不维持现状。也就是说，不应存在移动壁垒（包括退出壁垒和进入壁垒）。当其存在时，市场机制的作用就不能充分发挥。

8.1.2 市场的失灵

完全满足以上四个条件在现实中是不可能的，但只要能基本满足，市场竞争就能带来大体上适当的成果，这里的前提只能是市场经济。但事实上市场竞争并不一定能够经常带来适当的成果，严格地说，上述采用“大体”这种不明确的字眼来表达的部分，就是偏离了适当的资源分配的部分。此外，还包括像环境问题等外部不经济问题，或者是为了打击竞争者而进行的短期掠夺性竞争行为，以及和竞争者勾结、削弱竞争作用等行为。当所有这些原因使市场的作用扭曲、效率受损时，就叫作市场的失灵（market failure）。

在市场的失灵中，既有像规模经济那样原则上必须接受的，也有像环境问题那样原则上必须避免的。前面说过的“大体适当”这种表达就属于前者，而属于后者的市场失灵就必须在外部上加以矫正，这也是政府和地方公共团体有必要介入经济过程的原因。政府和地方公共团体对经济过程的介入就叫作经济政策（economic policy）。也就是说，不能因为市场失灵（或者说是有失灵的可能性）就完全放弃对市场的信赖。通过对失灵的矫正就能恢复市场机制的正常作用，这就是市场经济。所以说，如果市场失灵是不可避免的，经济政策就是市场经济不可欠缺的要素之一。

8.1.3 经济政策与流通政策

商业活动和流通活动不可混淆，它们都是经济活动的一环。所以，流通政策也是经济政策的一环，它是从外部矫正市场失灵。

正像我们前面反复强调的那样，商业是使整个市场机制有效运转不可或缺的社会装置。商业的存在把原来生产者和消费者之间的关系分割成生产者和商人、商人和消费者这样两个市场，这就赋予了原来的市场关系以广域性和现实性。商业为原有市场关系的确立奠定了基础。

当然，这是就商业总体而言的。这种作为整体的商业由各个环节的商人所构成，并且商人之间的有效竞争保证了整个商业的有效运行。这与我们上面看到的“对市场的信赖”是相同的。

所谓流通部门中的市场失灵，是指流通的基础功能受到阻碍的状态，这里也分原则上必须接受的失灵和应该避免的失灵。中央政府和地方政府为了矫正后者而介入的就是流通政策。

8.1.4 市场的失灵及其矫正

在流通部门中市场失灵是怎样发生的呢？

一是竞争秩序和竞争规则的问题。流通整体的效率有赖于流通领域内部的竞争。所以，维持竞争是极其重要的。但是，市场上的竞争并不一定能以理想的形式持续下去，比如会出现垄断，会结成卡特尔回避竞争，还可能会使用不正当的竞争手段。这些都是经常可能出现的“竞争”的失灵，也都是必须要加以矫正的市场失灵。

二是适应速度的问题。流通的最理想状态是随着流通技术、生产结构、消费结构及周边技术的变化而不断变化的。因此，流通必须要不断适应这些外部环境的变化，并且也期望能把流通内部的竞争朝这个方向引导。但是，这个适应过程通常是需要时间的。从市场效率来说，当然是流通活动希望能迅速、瞬间就适应市场环境，现实却并非如此。适应过程的时滞，原则上也是必须矫正的市场失灵。

那么，为什么会出现时滞呢？其最重要的原因是资源的特定化。经济活动的运行需要各种各样的资源。专业化的流通机构为当前事业积蓄了自己事业活动必不可少的经营资源，但这些资源在其他的事业中起不到什么作用，这种状态就叫作经营资源特定化(resource specialization)。例如，专门经营鲜鱼的零售商，对鲜鱼具有非常丰富的专业知识和技能，对服装却完全是个外行。这样，特定业种、特定业态商人的专门化，就等于是人力资源的特定化。对于专门经营鲜鱼的零售商来说，不仅仅是知识和技能，他的工具、店铺设施也都是特定在鲜鱼上的。

一般来说，资源越特定化，移动壁垒越高，适应能力越低。如果经营资源能从市场上得到无限的供给，资源便可随时更换，人力资源也可以重新引进，但这通常伴随着原有特定化了的资源的废弃。这样有限的资源就不能在整个社会中得到有效配置。所以，就必须使特定化了的资源来适应新的情况。为此而需要的适应时间，这是市场失灵的重要原因，并且在某种程度上也是必须接受的。

三是从市场的外部目的来说明市场的失灵。有效的市场机制能很好地处理交换，但会引起其他方面的困难。比如，零售业在现实中并非单纯是交换的场所，它还承担着人与人接触交流的重要作用。追求效率的市场机制会因商业的这一侧面而受影响。另外，不同商品在经营上要有专门知识和技能，但市场的竞争关系常常使具有相当知识和技能的专业机构无法保证商品的经营，从而使人们生活的安全性受到重大影响。例如，药店销售那些本该在医院购买的药品，另外汽油的经营也是如此。这些也属于应该回避的市场失灵。

流通中市场失灵大致有以上三种原因。但不论是哪一种，具体界定市场失灵时，意见很少一致。所以，对市场失灵需要有慎重的判断。

8.1.5 政府的失灵

为了矫正市场的失灵需要政府的介入，可是政府的介入就能恢复和维持商业功能的运转吗？政府不会失灵吗？很遗憾，答案是否定的。正像市场的失灵不可避免那样，政府的失灵也无法避免。为什么呢？除了信息的不完全性和政策形成过程中的政治力学等现实因素外，主要还有以下三点原因。

第一，对市场失灵判断的困难。市场失灵有原则上应该接受的失灵和原则上应该避免的失灵。商业政策是为了矫正后者而介入的，但是对某一市场失灵是否应该接受，如果应该接受的话，在哪种程度上合适，关于这些并没有明确的标准，这在前面已经指出过。

第二，政策目标具有相互制约的关系。例如，为了给特定化了的资源以适应时间，就要对新资源的导入进行抑制性调整，即抑制市场竞争。接受市场失灵与加强市场机制的政策具有不可避免的矛盾因素。

第三，介入手段的有效性。从理论上说，旧资源需要适应时间，可是需要多少时间才能够适应呢？从另一方面来看，调整具有保护旧资源的一面，但保护并不能保证促进其适应，相反，不适应才能产生新的调整，也就是说政策手段是一把双刃剑。

因此，现实中的流通政策经常是在市场失灵和政府失灵之间摇摆不定。这在某种程度上是不可避免的，但我们应该认识到，流通政策不仅仅是避免市场的失灵，也必须把政府失灵限制在最低程度。

8.2 流通政策的结构与目标

8.2.1 流通政策的概念

如上所述，流通政策（distribution policy）是以流通为对象而制定的公共政策。公共政策按不同的对象和目的还可以分为经济政策、社会政策、文化政策、防卫政策等。其中经济政策包括生产政策、流通政策和消费政策。所以说，流通政策是经济政策的一部分。也可以说，流通政策是政府针对经济过程所制定的公共政策，即经济政策中为解决流通部门问题的政策。当然，还不仅仅是为解决已经出现的问题，从广义上讲，如何规定流通结构的调整方向，也应该是流通政策的领域。流通政策既然是公共政策，那么政策的主体自然是政府（主要是中央政府，也包括地方政府）。

如果给流通政策下定义，可以说，流通政策是以商品流通过程为对象的公共政策，是关于国家或地方政府等政府权力对商品流通过程，即对流通活动和流通机构介入、干涉的基本方针及依此建立的手段体系。

8.2.2 流通政策的结构

我们已经知道，流通政策是政府为了矫正和解决流通部门在适应外部环境变化和内部竞争结构上发生的市场失灵而展开的公共介入。那么作为这种介入的流通政策具有什么样的内容和结构呢？我们首先有必要研究一下为矫正、解决市场失灵所采取的公共介入的方法。从这个角度来观察，我们可以把流通政策区分为流通竞争政策、流通调整政策和流通振兴政策。

第一，流通竞争政策是促使流通领域的市场机制能够正常运转的政策。更进一步讲，是以维持、促进流通方面的竞争为目的的政策。通常，因为健全的市场机制功能是通过竞争来维持的。所以，维持、促进市场竞争的流通竞争政策在流通政策中占有极其重要的位置。其主要目标是避免出现垄断生产企业或流通企业限制竞争活动、扭曲市场机制、垄断价格、妨碍资源的合理配置等现象，维持市场的正常竞争秩序。反垄断政策是最具代表性的流通竞争政策。

第二，流通调整政策是为预防大企业利用其优势地位控制市场而对采取的措施，进而人为地修正竞争条件，使大企业和中小企业经常在平等的竞争条件下竞争。这是调整大企业与小企业利益关系的政策，即在保护竞争的前提下，对大企业在竞争上的优势地位给予一定的制约，对中小企业加以保护的政策。限制大型零售店开店的措施，就是其一般的政策手段。

第三，流通振兴政策是促进流通领域的竞争主体，特别是中小企业适应环境变化的政策，是以提高中小商业者竞争能力、经营水平和效益，增强其对不断变化的竞争结构的适应能力为目的的政策。流通振兴政策是通过促进融资制度、启发和教育流通企业等结构改革，强化中小企业的竞争基础。具体是通过实施一些重要的扶植措施，推进中小商业的协作，以实现商业现代化。

实际上流通政策不仅局限于此三种类型。例如，德国把流通政策分为流通秩序政策和流通过程政策。流通秩序政策是指有关作为最终决定各个流通企业活动的经济体制结构的市场经济秩序等的政策；流通过程政策是以直接介入流通企业的行为及其成果等经济过程为目的而制定的政策。另外，有些传统的市场经济国家没有流通振兴政策。所以本章以竞争政策为中心展开讨论。

8.2.3 流通政策的目标

1. 流通政策的一般目标

政策目标就是通过政策手段所要达到的目的。一个国家宏观经济政策的目标，一般来说包括五个方面：资源的有效配置、经济的稳定与增长、公平的分配、社会资本的扩大及国际经济关系的协调。当然，随着时代的发展，经济政策目标的具体内容会发生变化，但基本集中在效率、稳定和公平三个问题上。流通政策既然是经济政策的一部分，其一般目标就应该和经济政策的目标是一致的。也就是说，经济政策的目标是流通政策目标的基础，流通政策的目标必须向经济政策的目标调整、统一。

在市场经济下，为了追求资源配置的效率，有效竞争是必不可少的条件。所以，在流通政策中，竞争政策处于中心位置。尽管在“效率”和“公平”这两个目标之间存在着相互对立的关系，但把提高效率作为公平分配的前提是十分必要的。事实上竞争市场也带来了不少公共分配的功能。例如，通过促进流通领域的竞争，提高了流通机构的效率，降低了费用，从而扩大了消费者的利益。总之，流通政策的目标基本上是肯定竞争所具有的一切功能，坚持以否定垄断、维持竞争、确保竞争条件为宗旨的。也就是说，流通政策目标的设定，最基本的问题是如何有效地解决经济中的流通问题。比如，如何以最少的费用来支配最大量的商品；如何把需求动向反映给生产者，以避免供给的过剩或不足；如何尽可能缩短流通时间等。

2. 流通政策的特定目标

上面的论述强调了流通政策的目标是以宏观经济目标为基础的，但流通政策既然是以流通为对象的公共介入，就必然应该有其要在流通领域实现的公共利益，这就是流通政策的特定目标。流通政策的目的是更加充分地发挥联结生产与消费的流通系统的经济功能，提高流通的有效性（distribution effectiveness）。进一步说就是追求交易的方便性、流通的效率性、分配的平等性和竞争的公正性。

交易的方便性就是买方和卖方特别是生产者和消费者的销售和购买是否方便。对于消费者来说，最大的方便性是没有欺诈和高压的销售，并且能在适当的场所、适当的时间里，以适当的价格买到适当数量的适当商品。流通的效率性是流通系统在一定期间内的产出量与投入量之比。效率越高，单位流通成本越低。但产出量的测定是较为困难的，如是否包括消费需求的满意度等。分配的平等性是指因流通而增加的效用和价值，能否在生产者、商业者、消费者之间，根据其贡献程度来平等地分配，以及在其他构成流通渠道环节的企业间进行平等的价值分配。竞争的公正性（competition fairness）是指流通机构之间的交易是否是在公正自由的竞争环境下进行的。竞争并不是只要自由就可以了，还必须公正。例如，不可乱用交易上的优越地位，把不利条件强加于交易对手，使竞争企业陷于不利境地等。

为了达到上述目的，流通政策具体所要做的是，维持交易秩序、提高流通功能的效率、使供需更紧密地结合、调整和完善流通机构、维持和促进有效竞争。

8.2.4 流通政策形成的复杂性

上述政策目标可以说是流通的理想状态，也可以说是从经济学研究的角度出发，以对流通本质的认识为基础而设定的先验的、规范的流通政策目标。这只不过是提供了流通政策的评价标准，并不能说明现实的流通政策形成过程中目标设定的内容。现实中流通政策目标的设定及政策的形成是十分复杂的，受很多因素的制约。

1. 政策目标的价值判断

政策目标的确定首先取决于社会的价值判断。全社会一致认可的价值判断是不存在的。不同学派的学者、不同的利益集团、中央政府和地方政府等，对政策目标的价值取向是很难相同的。例如，什么是市场失灵，什么情况下需要政府的政策介入，一直都是有分歧的。市场失灵有原则上必须接受的失灵（如规模经济等）和原则上应该避免的失灵（如环境问题等），流通政策是为了矫正后者而介入的。但是对如下这些问题都没有明确的标准，如某一市场失灵是否应该接受；如果应该接受的话，在哪种程度上合适；流通政策是以企业优先还是以消费者优先；对内流通政策与对外流通政策如何协调。价值判断不同，确定的政策目标是截然不同的。

政府在确定政策目标时，实际上总是依据部分人的价值判断。这部分人可能是多数，也可能是少数。根据什么价值判断来确定政策目标取决于政治制度。通过民主程序所确定的政策目标，往往只代表某些利益集团的价值判断，或者是不同利益集团价值判断的折中。当然，总体而言，民主制下决策所依据的价值判断能反映大多数人的看法。

2. 政策目标间的相互制约因素

上述列举的交易的方便性、流通的效率性、分配的平等性、竞争的公平性等政策目标的具体内容之间，有时是相互制约的，有时甚至是相互矛盾、对立的。例如，促进流通渠道系列化的政策虽然会使流通的效率提高，但也会使交易者间的竞争地位产生差距，从而阻碍竞争的公正性，同时也会损害分配的公平性，最终虽然节约了流通成本，却降低了消费者的满意程度。再如，前面提到的资源特定化，为了给特定化了的资源以适应时间，就要抑制新资源的导入，这也就是对市场竞争的抑制。也就是说，接受市场的失灵与加强市场机制的政策具有不可避免的矛盾关系。

另外，在相互制约的政策内容中，还要对各政策目标的相对重要程度进行评价。在不同的社会经济发展阶段，政策目标的主次是不同的。比如，在高速增长的经济下，流通的低效率如果阻碍了经济增长，就要优先考虑流通的效率性；在成熟经济下，过度竞争会导致严重后果，并且容易出现垄断的现象，这时竞争的公正性便尤为重要；在推进消费者保护政策时，交易的方便性和社会环保性就显得更为重要。

3. 政策形成过程的政治因素

上述政策目标的设定是以社会福利最大化为原则的，但这仅仅是经济学者的一种理论上的假设。在现实生活中，政治因素往往对设定政策目标起着更为重要的作用。

首先，是集团间的利益协调。通常政策议案的提出，是以政策主管部门对问题的认识为出发点并直接作用于政策形成过程的。该政策有可能受政党、商界及其他各种利益集团之间价值取向冲突的影响，这些利益集团在交易交涉过程中的力量平衡，会体现在政策目标上。所以，在设定现实政策的目标时，必须分析和说明这些集团相互交涉的力学关系。政策目标的内容是在这些利益集团的价值体系内，经过交涉过程，由最具优势的集团来决定。在这里，学者的观点和政策建议，只不过是这些相互冲突或协调的各种价值体系之一而已。

其次，是决策者的个人利益。前面说过，流通政策的主体是政府。但现实中的政府并不是一个抽象的存在，而是由具体的政治家和官僚构成的社会实体。政治家、官僚这些以国家代理人身份参与政治或公共选择的人们，和经济中的一般人一样，也在追求自身利益的最大化。所以，照顾哪些集团的利益对自己更有利，什么样的政策能使自己获得更多的选票、连选连任，这些都是影响最终政策目标的因素。

最后，是政府部门间的利益协调。流通学者原田英生教授的观点是，流通政策的特征是随着新业态的产生、发展，政策空间的"无人地带"不断增加，各政府部门间便争夺这些"无人地带"。各行政部门为了扩大自己的权限而争相介入，从而出现公共介入"制度乘数效果"（multiplier effect of policy），并造成政策的过剩供给，政出多门就是其典型代表。这种政策部门间的利益关系的协调，也会反映在最终的政策目标之中。

总之，从理论上说，以社会福利最大化来确定政策目标是毫无疑问的。但在现实中，设定政策目标的影响因素是相当复杂的。最终确定的政策目标往往是各种因素综合作用的结果，有时甚至很难说是哪种因素在起作用。政策目标确定的复杂性与困难性也正在于此。

8.3 流通竞争政策

8.3.1 市场系统的功能障碍

市场系统的效率会因竞争的停止或竞争功能低下而受到影响。影响因素有五个。

（1）市场的整合，也就是说通过垂直的合并，使连锁买卖不能进行。商品的流通不一定完全采取市场交易这种方式。比如，生产者自己建立承担流通功能的机构。这种情况下，流通过程中的买卖交易消失了，即市场被封闭起来。如果商品流通的绝大部分属于这种市场封闭型，市场机制就不能正常运行了。

（2）市场的控制，即集团行为、共谋。共谋会使买方或卖方之间停止竞争，竞争的效果也就无从产生。因此，为了发挥市场的功能，就必须排除妨碍因素，禁止共谋行为。

（3）由大型企业的成长所产生的市场集中力。少数大型企业发挥了规模经济性，使成本降低，从而降低销售价格。这样就使中小企业不能与其竞争，使新的企业不能加入市场中，因此竞争就趋于消失。为了能同大企业进行竞争，就有必要对中小零售店进行培育，也有必要限制大型店的加入。

（4）商品差别化。由于采取商品差别化，买方形成对特定品牌的喜爱，从而与特定的卖方紧密地联系起来，市场机制就不能正常运行。

（5）信息的不充分。买卖双方互不了解会产生信息的不充分，信息不充分会削弱竞争的效果。为了使市场系统正常运行，卖方和买方之间的信息必须迅速地相互交流。作为买方，如果不了解谁出售何种商品，何时、何地能买到等信息的话，竞争就不会产生。另外，买卖双方间还存在着“信息不对称性”的问题。卖方虽然非常熟悉自己出售的商品和买卖的条件，但买方对此可能完全不知晓。这种情况，很明显对买方是不利的。因此，有必要采取一定的政策对消费者进行保护。

以上（1）～（5）限制竞争的因素，在现实的市场中会不断出现。因此为使市场系统正常运行，就必须对以上因素进行监督，利用政府权力对这些限制竞争的因素进行纠正。所谓的流通竞争政策就是指通过行使政府权力，对市场系统产生的问题进行纠正，并使市场系统能有效运行。流通竞争政策的目的是：①确保自由竞争；②确保公正竞争。

8.3.2 流通中竞争的形态

从功能方面来看，流通具有形成备货、传递信息、承担和转移风险的功能。通过强化以上功能，使成本降低并达到较好的社会效果。只有个别企业能够实现这些功能，才会产生企业间的竞争，但是如果个别企业对这些功能过度实现，可能会减弱市场系统的运行，因此有必要对此进行纠正，确保良好的竞争环境。

企业是通过其竞争行为的相互影响来确认市场状况的。这样的市场竞争关系可以作为“市场结构”来认识。那么如何来评价竞争呢？“反垄断法”就是创造并保持实现自由、公正竞争条件的法律。

流通中的竞争可以分为水平的竞争和垂直的竞争。水平的竞争是卖方或买方围绕着商品的销售或购买在同行业之间进行的竞争。在现代买方市场的市场结构中，比起买方之间的竞争，卖方之间的竞争是更普遍的现象。在流通（特别是零售业）的竞争中，一般可分为同一形态间的竞争和不同形态间的竞争。百货店之间的竞争或超市之间的竞争是属于前者的竞争形态，百货店和超市之间的竞争是属于后者的竞争形态。在不同形态之间的竞争中，企业间的有无竞争关系，即关于市场竞争的认识存在着争论。例如，就百货店和超市之间的竞争关系来说，百货店的特色是以高价格政策推销高级商品并进行高质量的服务，超市的特色是以低价格，通过大幅度简化服务，推销面向大众的商品。如果存在偏好不同的消费者，这两种形态间的竞争关系比起同一形态间的竞争关系来说要弱得多，这是因为彼此的市场是不同的。但是，对于偏好不同的消费者来说，如果在这两种形态之间不存在差异的话，那么就属于同一水平的竞争，即可以认为在同一市场中存在着竞争关系。这种不同形态之间的竞争给流通领域的竞争带来了特色。关于对这种竞争的考察，关系到零售企业合并，即实质性地限制“一定交易领域”中的竞争问题，因此具有重要的意义。

垂直竞争是在卖方和买方之间展开的竞争。垂直的竞争是以卖方或者买方的市场力量为背景，围绕交涉能力展开的竞争。垂直竞争的重要性在于这种竞争关系对其他方面的竞争行为有影响。作为竞争手段，生产者所采取的垂直一体化战略，不仅对水平方面的其他生产者的竞争行为产生影响，对批发和零售各环节的企业行为也产生影响。另外，这种垂直的竞争改变了生产者（卖方）与零售商（买方）的交易关系，可能使二者转变为竞争关系。可以说这种垂直关系涉及多环节的竞争行为。

8.3.3 反垄断法与反不正当竞争法

世界各国有关竞争政策的立法内容通常主要包括三部分，即反垄断法（antitrust law）、反限制竞争法（anti-restrictive practice law）、反不正当竞争法（anti-unfair competition law）。这三种法律的界限不是十分明显，在不同国家的竞争法律中，对限制竞争行为、垄断行为和不正当竞争行为的规定同时交叉存在，对其确切含义亦未进行特别界定。美国的反垄断政策是比较完善的，具体表现在它的反垄断法律体系上，其中较有影响力的是《谢尔曼法》（1890）、《克莱顿法》（1914）及《罗宾逊-帕特曼法》（1936）。1993年，我国颁布实行了《中华人民共和国反不正当竞争法》，其内容是对不正当竞争行为进行规制。

反垄断法的直接目的是反对经济领域的垄断行为和限制竞争行为，以此来保护自由竞争。反垄断法直接关注的不是竞争者和消费者的利益，而是建立、健全、维护市场竞争秩序，它的直接关注点始终是自由竞争秩序下的全社会的公共利益，这是反垄断法保护的直接利益。反垄断法的宗旨是反对垄断和限制竞争的行为，以此保护公平、自由的竞争。它所保护的直接利益是由公平、自由竞争所体现的社会公共利益，间接利益是竞争者的利益和消费者利益。

反垄断法的规制对象分为三类：垄断状态、垄断行为和限制竞争行为。

第一，垄断状态（statute of monopolies），这在日本和美国这两个主要奉行结构主义反垄断法的国家予以规制。美国法律规定："企业在市场上享有的份额是判断垄断力是否存在的重要证据，市场份额越高，垄断力就越大。企业只要被认为很可能在故意使用违法手段追求的垄断力形成，那么企业就从事了企图进行垄断的行为。"

日本反垄断法规定："一个企业的市场占有率超过1/2或两个企业在市场的占有率总计超过3/4，并使得新企业难以进入市场，即被认定为具有市场危害的垄断状态。"

总结归纳美国和日本关于垄断状态的规定可以看出，所谓垄断状态，是指在某种商品或服务的市场上，一个企业处于无竞争状态，或者因其支配性的地位和排除竞争的行为而实质上处于无竞争状态；或者两个以上经营者不进行价格竞争，并对其他竞争对手具有支配性的地位和排除竞争的能力。

第二，垄断行为（monopolization）。垄断行为包括四个方面。①企业兼并和收购，指两个或两个以上企业组成以长期经营为目的的一个新企业行为。企业兼并是形成经济集中力的一种典型行为。②股份持有，指一个企业不正当的占有另一个企业的股票或资本份额，也包括两个企业彼此占有对方的股票或资本份额。③董事兼任，指一个公司的董事同时也担任其他公司的董事。④独家交易（exclusive dealing），指生产某种特定产品或系列产品的厂商只允许他的经销商销售其一家的产品，而不允许售销其同类竞争者的产品。

以上各种情况对于中小企业或没有危害竞争企业是允许的，但对于会产生垄断的大企业，法律就会加以限制。

第三，限制竞争行为（restrictive practice）。限制竞争行为有广义和狭义之分。狭义的限制竞争行为仅指横向卡特尔和纵向约束；广义的限制竞争行为不仅包括横向卡特尔和纵向约束，还包括不正当交易方法和价格歧视。这里介绍广义的限制竞争行为。

(1) 卡特尔（cartel）和纵向约束力（vertical agreement）（联合行为）。卡特尔是指多个生产同类产品的企业横向联合，通过“卡特尔协议”，共同决定商品和服务的价格、划分市场、限制产量或联合抵制新进入市场的企业或采取一致行为压低原材料价格等。纵向约束，指一种产品生产过程中不同环节的独立企业之间的纵向联合，他们签订的协议为纵向“卡特尔协议”，如果这种协议旨在形成市场支配，达成垄断状态或在实质上减少竞争，那么这种纵向约束就应被禁止。

(2) 歧视性待遇（discrimination）。典型的为价格歧视（price discrimination），是指处于优势地位的大企业，在没有正当理由的情况下，对条件相同的不同交易对象，在价格或其他交易条件上给予明显的区别对待。

(3) 掠夺性定价（predatory pricing / destroyer pricing）。企业为挤垮竞争对手，在一定时期内，在特定的市场领域内，以低于成本的价格销售其产品，待竞争企业被挤垮后，再大幅提高产品价格，以获取垄断价格所带来的利润。

(4) 附加不合理交易条件（搭售，tying），指有市场优势地位的企业，利用其优势地位，违背交易对象的意愿，在出售商品或提供服务时，搭配出售其他商品或者给对方增加不合理负担，或者就商品的销售区域或销售对象等进行不合理的限制行为。

(5) 强制交易（compulsory transaction / forced transaction）。处于优势地位的企业采取利诱、胁迫或其他不正当的手段，促使其他生产经营者进行有损竞争的交易行为。

反垄断法的适用除外包括如下几个方面。

(1) 反垄断法适用除外的一般要件：一是根据反垄断法的一般性规定，属于应限制或应禁止的行为；二是该种行为的宏观经济利益大于其限制竞争所造成的损害；三是法律直接规定其不适用反垄断法的限制和禁止性规定，或者依据法律规定的程序认可其不适用的反垄断法的限制和禁止性规定；四是行为因反垄断法适用除外而取得合法性。

(2) 反垄断法适用除外的主要行为指具有自然垄断性质的行为、知识产权形式的行为、反垄断法明文规定的行为、有特别需要的行为。

反不正当竞争法在有些国家是与反垄断法合并立法的，有些国家是分别立法。反不正当竞争法与反垄断法的根本不同在于，不正当竞争行为的违法性是永恒的，在人类法律哲学和道德规范中永远也不会得到正名，而垄断等一些限制竞争行为的违法性却是会反复的，体现的是国家产业政策的变化。不公正交易方法与歧视规制是一项非常严厉的法律制度，是打击不公正交易和歧视的有力武器，其意义在于保障流通领域中的有效竞争。

不正当竞争行为主要有十一种。

(1) 采用欺骗性标识从事市场交易的行为。

(2) 商业贿赂行为。

(3) 虚假广告宣传行为。

(4) 侵犯其他经营者商业秘密的行为。

(5) 降价排挤行为。

(6) 搭售或附加其他不合理条件而销售商品的行为。

(7) 违反规定的有奖销售行为。

(8) 经营者捏造、散布虚伪事实损害竞争对手的商业信誉、商品信誉的行为。

(9) 投标招标中的不正当竞争行为。

(10) 公用事业或其他依法具有垄断地位的经营者强制交易的行为。

(11) 政府及其所属部门滥用行政权力限制竞争的行为。

流通政策是政府为解决流通过程中的市场失灵而制定的规制竞争的政策，在不同的国家、不同的经济发展阶段都会有所不同，伴随着流通的发展而不断变化，反过来又会影响流通的发展。

思考题

1. 流通领域为什么需要政府的介入？
2. 流通领域中市场失灵是如何表现的？
3. 反垄断的一般内容和意义是什么？
4. 计划经济体制下的流通政策与市场经济体制下的流通政策有何不同。

参考文献

刘从九 . 2003. 我国商品流通发展趋势与商业产业政策取向 . 经济理论与经济管理,(12)
马龙龙 . 2005. 流通产业政策 . 北京:清华大学出版社
木地节郎,吉田裕之 . 1988. 现代流通的课题 . 京都:启文社:243-260
石原武政,池尾恭一,佐籐善信 . 1989. 商業學 . 东京:有斐閣
矢作敏行 . 1996. 现代流通:理論とケースで学ぶ. 东京:有斐閣
吴小丁 . 1999. 论市场经济中流通政策的目标 . 财经问题研究,(9)
夏春玉 . 1998. 现代商品流通:理论与政策 . 大连:东北财经大学出版社
夏春玉,等 . 2006. 流通概论 . 大连:东北财经大学出版社:332-348
夏春玉,任博华 . 2006. 中国流通政策的构建——基于美日流通政策的比较研究 . 经济与管理研究,(6)
原田英生 . 1989. 流通政策の基礎概念:その政治学的·政治経済学的考察//流通経済大学論集

词汇列表

市场的失灵 market failure
经济政策 economic policy
经营资源特定化 resource specialization
流通政策 distribution policy
流通的有效性 distribution effectiveness
竞争的公正性 competition fairness

制度乘数效果 multiplier effect of policy
反垄断法 antitrust law
反限制竞争法 anti-restrictive practice law
反不正当竞争法 anti-unfair competition law
垄断状态 statute of monopolies
垄断行为 monopolization
独家交易 exclusive dealing
限制竞争行为 restrictive practice
卡特尔 cartel
纵向约束力 vertical agreement
歧视性待遇 discrimination
价格歧视 price discrimination
掠夺性定价 predatory pricing / destroyer pricing
搭售 tying
强制交易 compulsory transaction / forced transaction